한 땀 한 땀 작고 예쁜 태팅 레이스

한 땀 한 땀 작고 예쁜 태팅 레이스

지은이 태팅이 즐거운 사람들
펴낸이 임상진
펴낸곳 (주)넥서스

초판 1쇄 발행 2012년 12월 25일
초판 4쇄 발행 2015년 6월 25일

2판 1쇄 발행 2017년 8월 5일
2판 2쇄 발행 2017년 8월 10일

출판신고 1992년 4월 3일 제311-2002-2호
10880 경기도 파주시 지목로 5
Tel (02)330-5500 Fax (02)330-5555

ISBN 979-11-6165-096-8 13630

＊이 책은 『태팅 레이스』의 개정판입니다.

www.nexusbook.com
큐리어스는 넥서스의 일반 단행본 브랜드입니다.

나를
위한
시간

기본 기법부터 도안까지 · 손뜨개 생활 소품＆선물——— 태팅이 즐거운 사람들 지음

한 땀 한 땀 작고 예쁜 태팅 레이스

Qrious

누구나 쉽게 배울 수 있는
생활 손뜨개,
태팅 레이스

몇 해 전 겨울, 따뜻한 목도리를 하나 뜨려고 쇼핑몰을 들락거리다 우연히 셔틀을 보게 되었습니다. 셔틀을 손에 쥔 순간부터 태팅이라는 새로운 세상을 알게 되었습니다. 우리나라에는 태팅 레이스에 관한 책이 없어서 외국 사이트들을 뒤지면서 태팅에 대해서 배웠습니다.

인터넷을 통해 태팅하는 사람들을 만나 정보를 공유하면서 점점 더 태팅에 빠지게 되었습니다. 같이 태팅에 대해 얘기를 나누면서, 태팅은 가장 배우기 쉬운 공예 중 하나인데 시작하기가 너무 어렵다는 것이 아쉬웠습니다. 그래서 우리는 다음에 카페를 개설하고, 태팅을 처음 배우는 사람들을 위한 무료 강좌를 열었습니다. 무료 강좌를 진행해 보면 태팅에 대해 생소해하는 사람이 많습니다.

태팅은 그 어떤 공예보다 배우기 쉽고 실생활에서 다양하게 활용할 수 있는 손뜨개의 일종입니다. 1800년대에 유럽의 귀부인들이 저택의 거실에 모여 앉아 손으로 레이스를 짜던 것에서 시작되었습니다. 기계로 찍는 레이스와 달리 실의 종류와 만

드는 사람의 손에 따라 다양한 모양과 화려한 색상의 레이스를 만들 수 있는 매력이 있습니다. 더블 스티치라는 비교적 간단한 기법을 터득하는 것만으로도 아름다운 작품을 만들 수 있어서 다른 공예에 비해 배우기가 참 쉽습니다.

삼삼오오 모여 초보자들에게 더블 스티치를 알려 주고 모르는 것은 서로 물어 가며 배웠던 소소한 모임이, 우리말로 작성한 교재와 커리큘럼으로 진행하는 정기적인 모임으로 성장했습니다. 하지만 멀어서 못 오거나, 선착순 마감에 들지 못해서 아쉬워하는 회원들을 보면서 우리나라 작가가 쓴 우리말로 설명한 책이 필요하다는 생각을 하게 되었습니다.

1년이 넘는 시간 동안 수정한 교재를 기본으로 초보자들이 꼭 묻는 질문, 가장 많이 쓰이는 기법, 다양한 소품과 인테리어에 활용할 수 있는 방법 등을 책에 담았습니다. 태팅의 가장 기초적인 기법들과 가장 많이 쓰이는 중급 기법들을 소개했습니다.

태팅은 그 자체만으로도 아름다운 작품이지만 생활 인테리어, 퀼트, 비즈 액세서리

등 다양한 공예와 어우러지면 멋스러움을 더할 수 있는 공예입니다. 기존의 책들은 태팅을 만드는 기법과 작품에 집중하지만 저희 집필진은 태팅 레이스가 실제 생활 속에서 활용될 수 있는 다양한 작품을 소개함으로써 태팅의 매력을 널리 알리고 많은 사람이 함께 즐길 수 있기를 희망합니다.

　마지막으로 항상 태즐 카페에 힘이 되어주는 태즐 카페 회원분들과 출판에 대해서는 아무것도 모르는 초보 작가들을 데리고 동분서주 고생한 넥서스 경영선 대리님, 사진을 예쁘게 찍어 준 조병선 실장님께 감사의 말씀을 드립니다.

태팅이 즐거운 사람들
대표 저자_ 김기정, 김도희, 김아름, 임지현, 현다희

CONTENTS

PART 01
인테리어 소품 & 선물

PART 02
태팅의
기본 기법

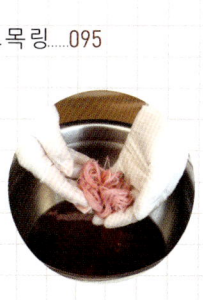

태팅 Tatting 이란?

 태팅은 '셔틀(Shuttle)'이라는 작은 도구에 실을 감아서 더블 스티치(Double Stitch, DS)라는 매듭을 지으며 레이스를 만드는 공예이다. 손뜨개로 만들 때보다 얇은 실을 사용할 수 있어 섬세하고 화려하며 아름다운 레이스가 만들어진다. 이렇게 만든 레이스는 그 자체로 테이블 매트, 북마크 등 다양한 용도로 사용할 수 있으며, 액세서리나 홈패션, 퀼트, 의류 등의 분야와 접목해서 실생활에도 널리 활용할 수 있다.

태팅이 언제부터 시작되었는지 정확하게 알려 주는 자료는 없지만, 1800년대 유럽에서 출판된 서적들을 통해 당시에 이미 유럽의 귀부인들이 즐기던 공예라는 사실을 확인할 수 있다.

국내에는 2006년경에 소수의 공예 마니아들이 외국의 자료와 동영상을 통해 배우면서, 2010년경부터 본격적으로 알려지기 시작했다. 아직까지 국내에는 태팅을 즐겨하는 사람들이 적은 편이다. 그러나 재료가 간단하며 쉽게 배울 수 있고, 다양한 공예에 응용이 가능하다는 장점이 있어 태팅에 관심을 갖는 사람들이 늘어나는 추세이다.

태팅을 배우려면?

국내에서는 소수의 사람들이 모여 강좌를 개설해서 운영한다. 태팅 기초 강좌를 진행하니 태팅을
배우고 싶다면 방문해 보자.

✚ 태팅이 즐거운 사람들의 태팅 강좌 www.tatting.kr

분류	순서	내용	소요 시간
기초	1강	❶ 셔틀에 실 감기 ❷ 더블 스티치(Double Stitch) ❸ 링(Ring) ❹ 체인(Chain) ❺ 피코(Picot) & 게이지(Gauge) 사용법 ❻ 조인(Join) ❼ 뒤집기(Reverse Work)	3~4시간
	2강	❶ 패턴 보는 법 ❷ 셔틀로 실 감추기 ❸ 바늘로 실 감추기 ❹ CTM 기법(Continous Thread Method) ❺ 락 조인(Lock Join) ❻ 폴디드 조인(Folded Join) ❼ Adding Tread	3~4시간
	3강	❶ 블로킹 ❷ 조세핀 링(Josephine Ring) ❸ 조세핀 체인(Josephine Chain) ❹ SCMR(Self Closed Mock Ring Method)	3~4시간

✚ 해외 온라인 강좌 www.georgiaseitz.com

소수의 외국 태터들이 모여 운영하는 온라인 강좌가 있다. 매주 태팅에 대한 강좌를 열고 있으며, 영어로 수업을 진행
한다.

✚ 간단하게 동영상으로!

오프라인 강좌에 참여하기 어렵다면 유튜브 등에서 동영상을 보며 배울 수 있다. 유튜브에 태팅 관련 외국 작가들의 동영
상이 많이 있지만, 외국어를 자유자재로 구사하지 못하는 사람에게는 많은 도움이 되지 못한다. 국내에서 만든 소수의
동영상이 있으나, 정확하게 배워 제작한 동영상이 아닌 경우가 많아 부정확한 부분들도 있다. 국내 동영상 중에서는 유
레카(김지혜) 님의 동영상이 비교적 쉽고 정리가 잘되어 있다.
유레카(김지혜)님의 블로그 ureca09.blog.me

태팅에 필요한 재료

실 Thread 태팅은 레이스 뜨개실을 사용할 수도 있지만, 태팅 전용 실로 작품을 만들었을 때 가장 완성도가 있다. 실의 굵기는 숫자('~수')로 표시한다. 숫자가 적을수록 굵은 실이며, 같은 도안이라도 사용하는 실의 두께에 따라 작품의 크기가 달라진다. 셔틀에 감은 실을 셔틀 실, 볼에 있는 실은 볼 실이라고 한다.

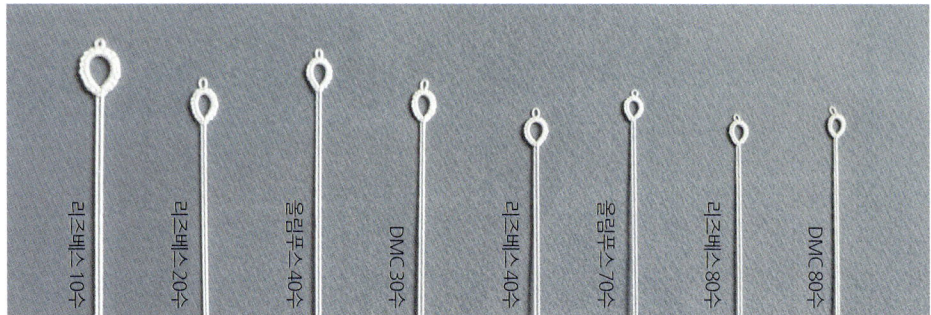

리즈베스 10수   리즈베스 20수   올림푸스 40수   DMC 30수   리즈베스 40수   올림푸스 70수   리즈베스 80수   DMC 80수

● **리즈베스(Lizbeth)** ★★★ 미국에서 생산하는 실로 색상이 다양하고 선명하여 화려한 색상의 연출이 가능하다. 가장 두꺼운 10수부터 20, 40, 80수가 있으며 태팅을 처음 시작하는 초보는 10수, 일반적으로는 40수를 가장 많이 사용한다.

● **올림푸스 금표(Olympus Gold Label)** ★★★ 손뜨개 마니아들에게 잘 알려진 일본의 올림푸스사에서 생산하는 실로 다양한 브랜드가 있다. 국내 태터들은 금(票)표 레이스사를 가장 많이 사용한다. 파스텔 톤의 자연스러운 그러데이션의 믹스사가 가장 유명하며, 가격은 리즈베스에 비해 비싼 편이다. 주로 40수와 70수를 사용한다.

● **DMC(Cordonnet)** ★★ 십자수 실로 유명한 DMC사에서 나온 태팅용 실이다. 감촉이 부드러워서 작품을 만들기에 좋다. 같은 제조사라 하더라도 브랜드에 따라 실의 특징이 다르다.

● **캠비(Camby)** ★★★ 태팅 전용 실은 아니지만 일반 레이스 뜨개실 중 매끄러워서 태팅에 용이하다. 가격 대비 품질과 색상이 다양하여 많은 태터가 사용한다.

● **일반 레이스 실** ★ 태팅 전용 실로 작품을 만들면 품질이 좋지만 비싼 것이 흠이다. 국내에서 구하기 쉬운 레이스용 면사 중 프렌드(Friend), 캔디(Candy) 등이 전용사를 대신하여 태팅용으로 쓸 만하다.

● **기타** ★ 위에서 소개한 실 외에도 알틴바삭(Altinbasak), 오렌바얀(Orenbayan), 일리실크(Ylisilk), 환타지아

(Fantasia), 사쥬 칼레레이스(sajou) 등 여러 나라에서 다양한 실을 생산하지만 색상의 종류가 적거나 부드러운 레이스를 만드는 데에는 제약이 있다.

* ★는 저자 추천 정도

❖ **주의** ❖ 제조사별로 다른 굵기 표기
실은 숫자로 굵기를 표기하는데 같은 수라고 해도 회사마다 기준이 다르므로 사전에 굵기를 비교해 보고 구입한다. 예를 들면 리즈베스 20수와 올림푸스 40수의 굵기가 비슷하다.

셔틀 *Shuttle* 배 모양의 실을 감는 도구. 태팅은 셔틀에 실을 감아 레이스를 만드는 공예이므로 반드시 필요한 도구이다. 형태에 따라 보빈 셔틀과 일체형 셔틀로 나뉘어진다.

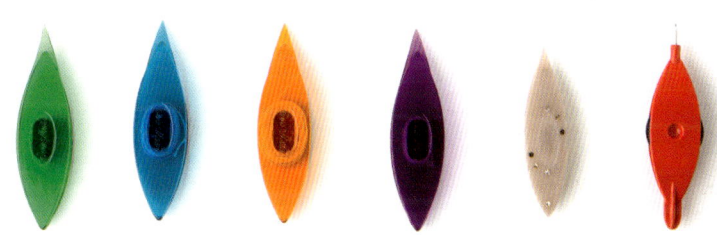

● **일체형 셔틀(Plastic Shuttle)** 유선형으로 생겨 실이 감긴 곳과 몸통이 일체형으로 되어 있다. 일반적으로 일체형 셔틀은 앞이 뾰족한데, 이는 만드는 도중에 틀린 부분을 수정하거나 실을 끌어올려 연결하는 기법인 조인(Join)을 할 때 편리하게 사용할 수 있다.

● **보빈 셔틀(Bobbin Shuttle)** 보빈 셔틀은 셔틀 가운데 실을 감는 부분이 재봉틀의 보빈과 같이 생겨서 붙은 이름이다. 일반 셔틀과 달리 가운데의 보빈을 손쉽게 교환하여 사용할 수 있다.
보빈만 여러 개 준비한다면 하나로 여러 개의 셔틀을 쓰는 효과를 낼 수 있다. 그러나 작품을 만드는 도중에 셔틀 실의 장력이나 길이를 유지하기가 까다롭고 불편한 점이 많다.

기타

레이스용 코바늘, 마무리 바늘, 가위 등 서브 도구가 필요하다. 서브 도구들은 작품을 더 깔끔하고 완성도 있게 한다.

● 레이스용 코바늘(Lace Hook)

주로 조인할 때 사용하는 도구로 피코 사이로 실을 끌어올릴 때 사용한다. 실의 굵기에 따라 코바늘의 굵기도 달라지는데, 일반적으로 20수(리즈베스 기준) 실에는 10호, 40수 실에는 12호, 80수 실에는 14호 바늘을 사용한다. 하나만 구비한다면 12호가 무난하다.

● 가위(Scissors)

실을 자를 때 사용한다. 깔끔한 마무리를 위해 실을 가급적 짧게 자를 때가 많아서 태팅용으로 사용하는 가위는 끝이 좁고 날카로운 것이 좋다. 쪽가위는 좋지 않다.

● 마무리 바늘(Needle)

작품을 완성한 후 실을 정리할 때 사용하는 바늘. 바늘 끝이 뾰족하면 실이 손상되므로 비즈 바늘처럼 끝이 뭉툭한 것을 사용한다.

● 올 풀림 방지액-피케(Pique)

실이 풀리지 않도록 끝 처리를 할 때 사용하는 체액이다. 일반적인 순간 접착제는 딱딱하게 굳어 마무리에 적합하지 않아서 올 풀림 방지액을 사용한다.

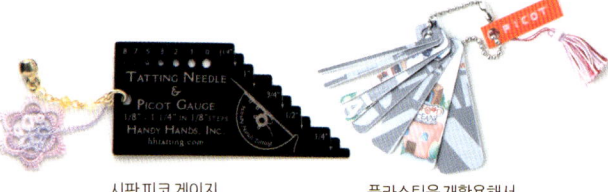

시판 피코 게이지

플라스틱을 재활용해서 만든 피코 게이지

● 피코 게이지(Picot Gauge)

태팅 작품에 장식적인 요소를 더하는 피코(Picot)의 크기를 일정하게 맞출 때 사용하는 도구이다.

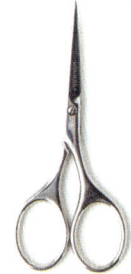

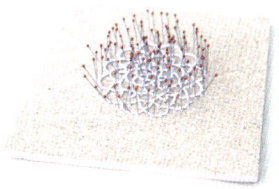

● **블로킹용 시침핀(Straight Pin)**
작품을 완성한 후 모양을 예쁜 형태로 잡을 때 사용하는 도구. 핀의 머리가 작은 것이 좋다.

● **블로킹용 코르크판(Cork Board)**
작품의 형태를 잡아 줄 때 사용한다.

● **틴 케이스(Tin Case)**
각종 태팅 도구를 간편하게 수납하는 통이다.

태팅 레이스의 종류

태팅 레이스는 모티브의 크기나 활용에 따라 크게 모티브, 도일리, 엣징으로 분류한다.

용어	사진	설명
모티브(Motif)		여러 모티브를 이어서 큰 작품을 만들 수도 있다.
도일리(Doily)		그릇이나 테이블 위에 올려 두는 깔개
엣징(Edging)		테두리 장식, 의류, 손수건이나 리넨 천에 태팅을 응용할 때 많이 사용한다

태팅 기본법 동영상 강좌

보고 읽기만 하는 공예 책은 따라 하기 어렵다. 아무리 사진이나 글로 쉽게 표현해도 영상으로 봐야 해결되는 부분이 있다. 태팅은 기본 기법 몇 개만 익히면 누구나 쉽게 배울 수 있는 손뜨개이다. 특히 더블 스티치는 태팅 레이스 뜨기의 70%를 차지한다. 꼭 알아야 할 기본 기법 5가지를 동영상 촬영하여 QR 코드로 변환했다. 스마트폰만 있으면 언제 어디서나 바로 찍어서 볼 수 있다.

✚ 더블 스티치 Double Stitch

❶ 올바르게 셔틀 잡는 법
1. 실을 왼손의 엄지와 검지로 잡고 새끼손가락에 2번 정도 감아 고정한다.
2. 셔틀의 코가 항상 위를 향하게 잡는다.
3. 더블 스티치를 시작하기 위해 셔틀 실을 손등에 감는다.

❷ 첫 번째 하프 스티치 First Half Stitch
1. 셔틀을 볼 실의 아래쪽으로 집어넣는데, 이때 볼 실을 셔틀의 등과 오른손 검지 사이를 가볍게 지나가게 한다.
2. 완전히 들어가게 한다.
3. 볼 실의 위쪽으로 셔틀을 뺀다. 이때 볼 실은 셔틀의 배와 오른손 엄지 사이를 가볍게 지나가게 한다.
4. 왼손 중지의 힘을 빼서 볼 실을 느슨하게 한 후, 셔틀을 잡아당긴다.
5. 실 바꿈이 된다.
6. 왼손 중지에 힘을 주어 볼 실을 바짝 당기면 매듭이 지어지며 첫 번째 스티치가 완성된다.

❸ 두 번째 하프 스티치 Second Half Stitch
1. 두 번째 스티치를 할 때는 손등에 셔틀 실을 감지 않는다.
2. 볼 실의 위쪽으로 셔틀이 지나간 후 안쪽으로 밀어 준다. 이때 볼 실을 셔틀의 배와 오른손 엄지 사이를 지나가게 한다.
3. 완전히 지나가게 한다.
4. 볼 실의 아래쪽으로 셔틀을 뺀다. 이때 볼 실이 셔틀의 등과 오른손 검지 사이를 지나가게 한다.
5. 왼손 중지의 힘을 빼서 볼 실을 느슨하게 한 후, 셔틀을 잡아당긴다.
6. 실 바꿈이 된다.
7. 매듭이 지어지며 두 번째 스티치가 완성된다.

✚ 체인 Chain

1. 두 가닥의 실로 더블 스티치한다.
2. 더블 스티치를 반복하면 체인이 된다.

✚ 링 Ring

1. 실을 왼손 바깥으로 한 바퀴 돌려 엄지와 검지로 잡는다.
2. 실 바꿈이 되도록 주의하면서 더블 스티치한다.
3. 필요한 만큼 더블 스티치한다.
4. 더블 스티치의 끝 부분을 잡고 셔틀 실을 잡아당긴다.
5. 깔끔한 원이 되도록 모양을 살짝 잡아서 마무리한다.

✚ 피코 Picot

1. 피코 전까지 더블 스티치를 만든다.
2. 실을 일정 길이만큼 벌려 잡고 더블 스티치를 한다.
3. 처음에 한 더블 스티치와 방금 끝낸 더블 스티치 사이에 간격이 벌어진다.
4. 더블 스티치를 당기면 간격이 좁아지며 피코가 완성된다.

✚ 조인 Join

1. 먼저 만들어 둔 피코에 조인을 준비한다.
2. 조인할 피코를 실 위에 올려놓는다.
3. 셔틀의 코를 피코 속으로 집어넣어 아래쪽 실을 위로 끌어올린다.
4. 셔틀을 통과시킨다.
5. 아래쪽 실을 다시 살짝 당겨서 피코 사이로 걸린 실이 다른 더블 스티치와 나란한 모양이 되게 한다.
6. 조인 후 다시 도안대로 만든다.

PART 01

인테리어 소품 & 선물

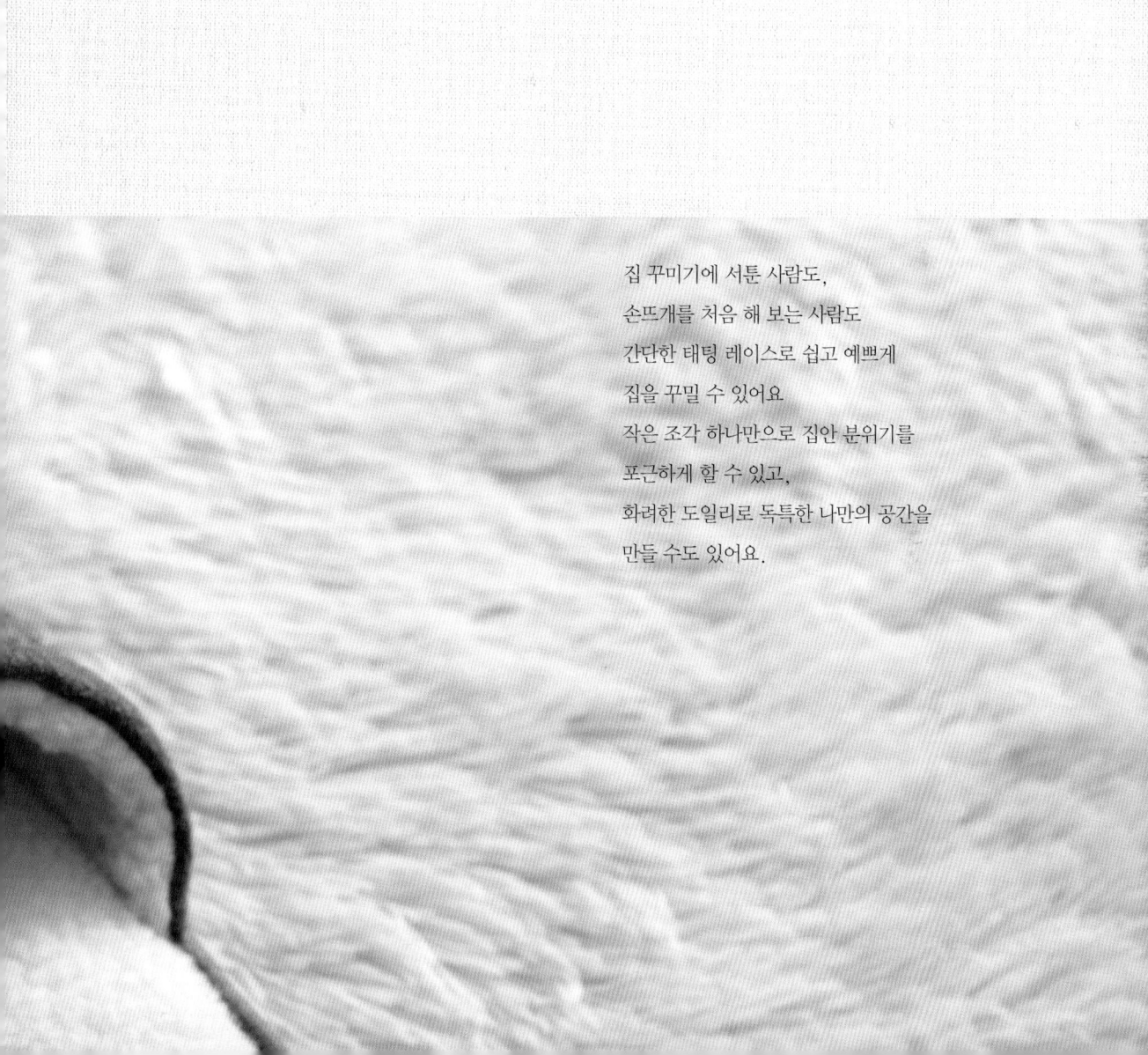

집 꾸미기에 서툰 사람도,
손뜨개를 처음 해 보는 사람도
간단한 태팅 레이스로 쉽고 예쁘게
집을 꾸밀 수 있어요
작은 조각 하나만으로 집안 분위기를
포근하게 할 수 있고,
화려한 도일리로 독특한 나만의 공간을
만들 수도 있어요.

인테리어
소품
01

모란 무늬 장식 매트

소박하지만 센스 있게
집을 꾸미고 싶다면
겹겹이 탐스럽게 펼쳐진 모란을
태팅으로 표현해 보세요.
선반이나 화장대 위에 태팅으로
만든 매트를 장식하면 밋밋한
공간을 우아하게 만들 수 있어요.
티타임에 컵 매트로
사용해도 좋아요.

➡ How to make P.108

클로버 테이블보

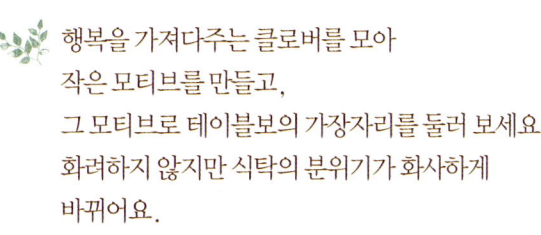

행복을 가져다주는 클로버를 모아
작은 모티브를 만들고,
그 모티브로 테이블보의 가장자리를 둘러 보세요.
화려하지 않지만 식탁의 분위기가 화사하게
바뀌어요.

➡ How to make P.109

사각 다이몬드 쿠션

사각형과 다이아몬드 모양을 함께 사용하면
방향에 따라 다른 분위기를
연출할 수 있어요.
사각 다이아몬드 도일리를 테이블에
얹으면 장식용으로,
심플한 쿠션에 얹으면 에스닉한 인테리어
소품으로 사용할 수 있어요.

➡ How to make p.110

인테리어
소품
04

눈꽃 장식 실내화 & 벽걸이

태팅으로 만든 눈꽃을
집안 곳곳에 활용해 보세요.
슬리퍼 위, 벽걸이 주머니 위에
얹으면 단조로운 공간이
포근하게 변해요.

➡ How to make p.136

장미 정원 화분 받침

장미 도일리를 떠서 화분을 놓아 보세요.
마치 예쁜 장미 정원에 온 듯 산뜻한 분위기를
연출할 수 있어요.

➡ How to make P.112

미니 꽃 장식 티코지

티 포트를 따뜻하게 보온하는 티코지는 겨울이나
찬 기운이 도는 실내에서 차를 우려 낼 때 좋아요.
미니 꽃 엣징과 프랑스 자수를 함께 놓으면 연분홍 장미가 가득한
미니 정원 느낌이 나요. 소중한 사람들에게 특별한 티타임을 선물할 수 있어요.

➡ How to make P.114

인테리어 소품 07

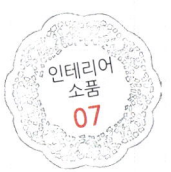

메리골드 피크닉 바구니

하얀색 실로 메리골드 모양의 모티브를 떠서 투박한 바구니에 장식해 보세요.
포인트 장식 바구니를 들고 야외에 들고 나가고픈 생각이 들어요.

How to make p.115

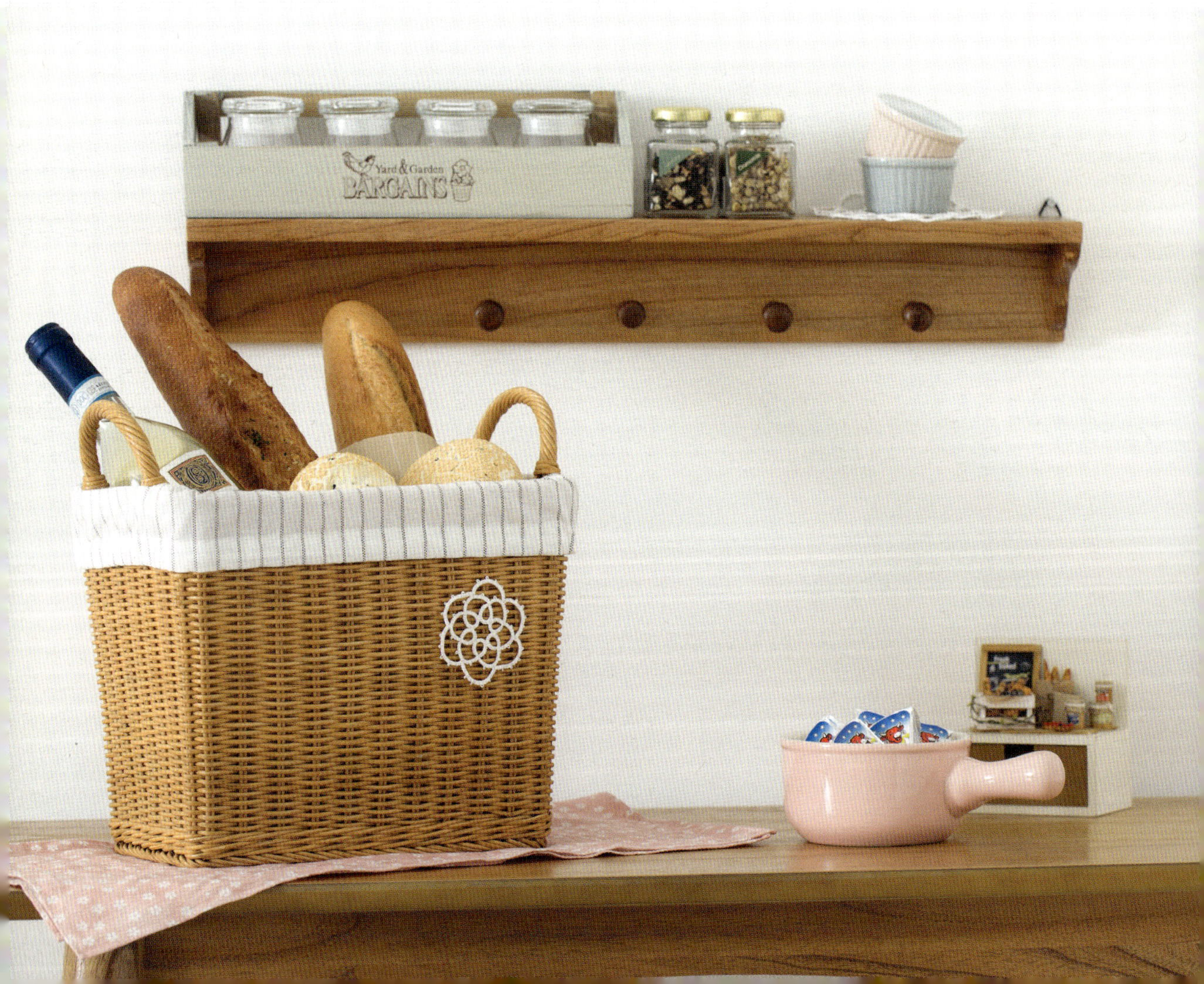

인테리어 소품 08

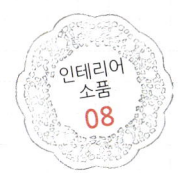

메리골드 유리컵 매트

시원한 여름에 어울리는 밝은 색으로
메리골드 모양 컵 매트를 만들어 보세요.
가장자리에 비즈를 달면 앙증맞은 느낌이 나요.

How to make p.115

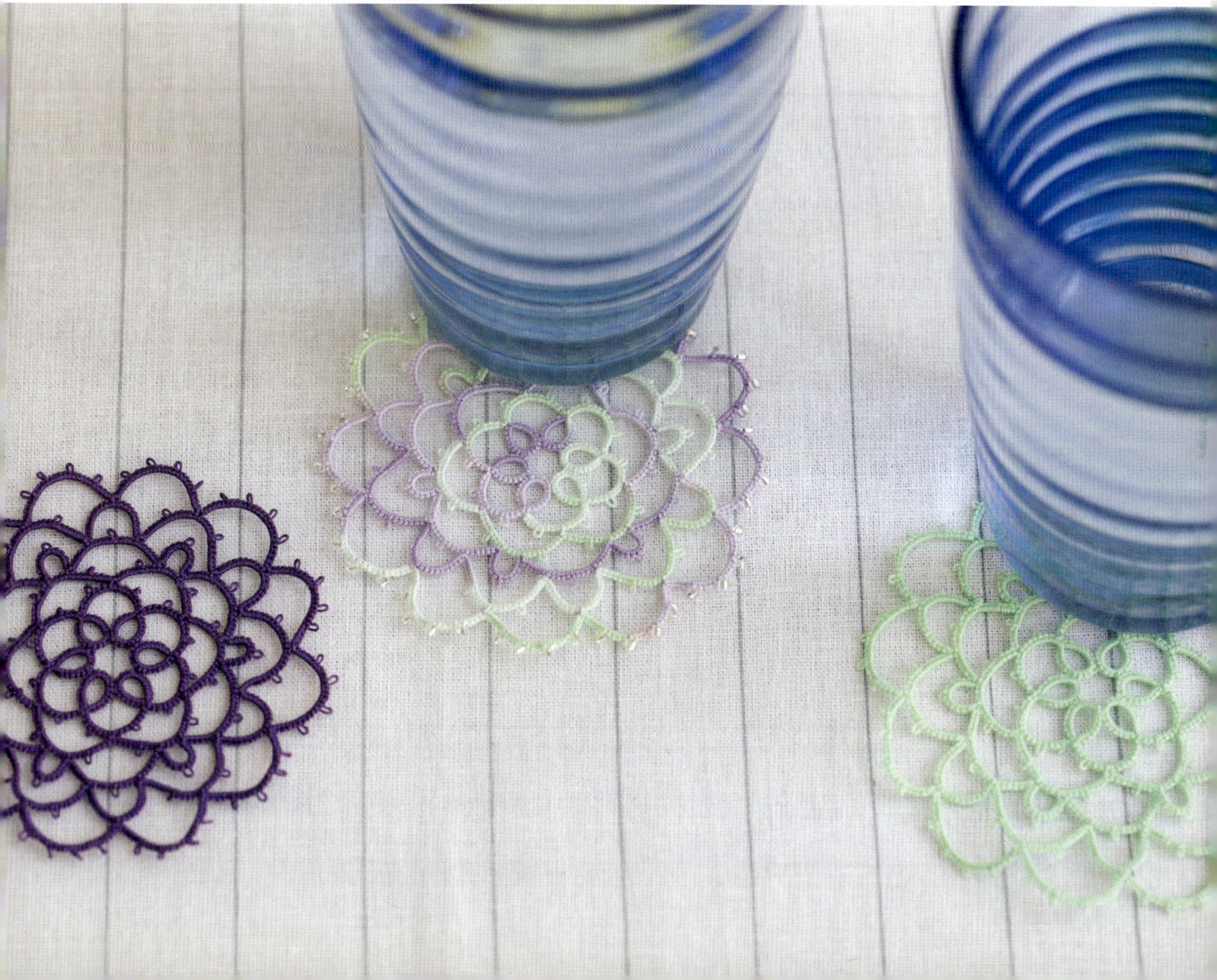

국화 & 은행잎 커튼 타이백

무더운 여름이 지나고 우아한 국화와
노란 은행잎이 길가에 흐트러지는 가을이 오면,
노란색 잎을 두 겹으로 만들어서 커튼 타이백으로 쓰거나
가방이나 핸드폰 등에 장식해 보세요.

➡ How to make p.116

새싹 무늬 레이스 매트

긴 겨울 끝에 봄이 오면 앞 다투어 피어오르는 연둣빛 새싹과
사랑스러운 꽃을 도일리로 표현해 보세요.
노란색, 분홍색, 초록색으로 새싹과 활짝 핀 꽃 모양이 어우러진 매트를,
빨간색, 보라색으로 강렬한 포인트 소품을 만들 수 있어요.

꽃병 받침으로 쓰거나 다른 소품들과
함께 매치하면 산뜻한 분위기를
연출할 수 있어요.

➡ How to make P.118

인테리어
소품
11

드롭 비즈 테이블 전등

링과 체인을 이용한 기본 모양에
찰랑거리는 드롭 비즈를 달아
심플한 조명 갓을 장식해 보세요.
멋스러움이 더해지고,
전등 빛에 반짝거리는 비즈의 잔영이
마치 은은한 달빛으로 비추는 듯해요.

➡ How to make p.119

크리스마스 초 & 오너먼트 & 벌

화려한 크리스마스 분위기가
느껴지는 장식품에
간단한 태팅 레이스를 달아보세요.
따뜻하고 행복한 기분이
더해진 단 하나뿐인
크리스마스 장식품을 만들 수
있어요.

➡ How to make p.120

눈꽃 모양을 만들어
창문이나 방문 벽에 장식해 보세요.
작은 장식만으로도 크리스마스
분위기를 낼 수 있어요.

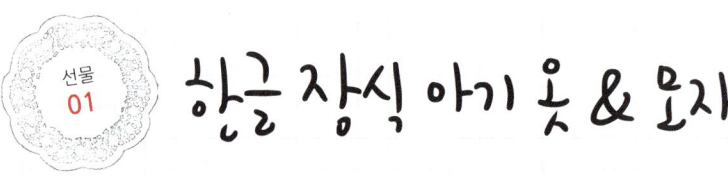

한글 장식 아기 옷 & 모자

화창한 봄날에 아이와 함께
나들이를 할 때
특별함을 더하고픈 엄마의 마음을
담아 태팅으로 한글 이니셜을
만들어 보세요.
한글 이니셜을 단 옷을 입은
아이의 모습이 훨씬 돋보인답니다.

➡ How to make p.128

클로버 장식 레깅스

아이가 넘어지지 않고 잘 달리기를
바라는 엄마의 마음을
바지 끝에 옮겨 보세요.
움직임이 많은 아이의 옷에
예쁘지만 불편한 장식보다는,
간단하면서도 귀여운 클로버 장식을
달아 엄마의 사랑을 표현해
보세요.

How to make p.132

클로버 장식 카디건

간단한 엣징 장식으로 밋밋한 카디건이 새 옷으로 탄생합니다.
귀여운 주머니 안으로 손이 쏘옥 빨려 들어갈 것 같은 기분이 들어요.

➡ How to make P.133

엣징 작식은 주머니뿐만 아니라
블라우스의 옷깃 끝이나
티셔츠, 스웨터 목둘레 부분에
장식해도 좋아요.
밋밋한 옷에 엣징 장식으로
소녀스러운 감성을 더해 보세요.

선물
04

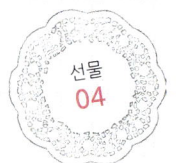

나비 장식 트레이닝 팬츠

편안하지만 밋밋해서 아쉬웠던 트레이닝 팬츠 위로 팔랑팔랑 나비가 날아들었어요. 카페에서 친구를 기다리면서, 드라마를 보면서, 그냥 흘려보내기 아쉬운 자투리 시간에 나비 모양을 만들어 보세요. 작지만 어느 곳에나 포인트를 주기에 모자람이 없어요.

➡ How to make p.134

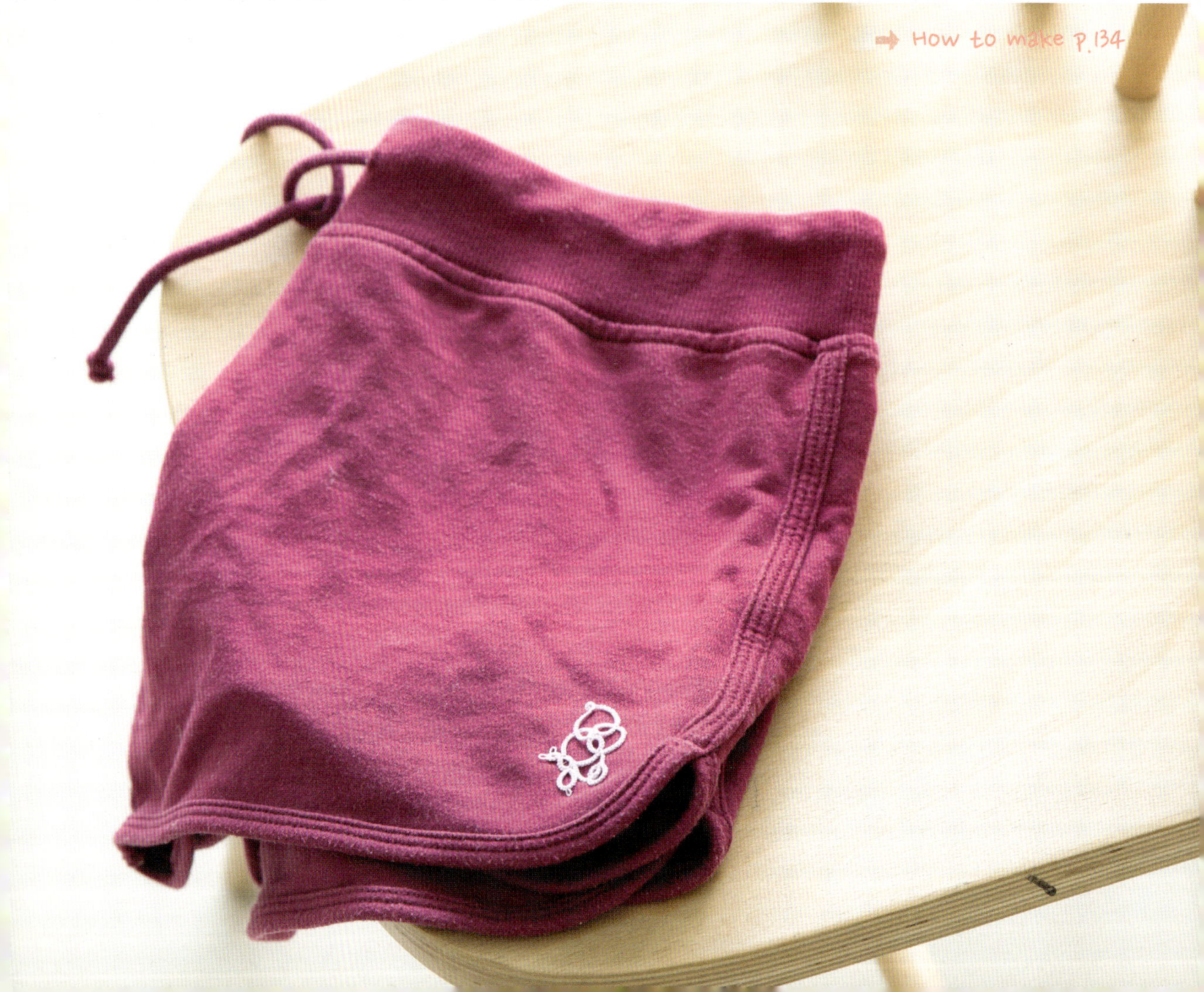

선물 05

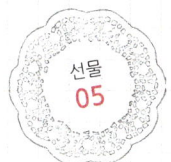

겨울 꽃 장식 머플러

베이식한 머플러에 세모, 네모, 동그라미 모티브를 얹어 보세요.
무거운 겨울 옷에 포인트가 되어 발랄한 느낌을 연출할 수 있어요.
간단하게 뚝딱 만들어 아이들 옷에 붙여도 좋아요.

How to make p.135

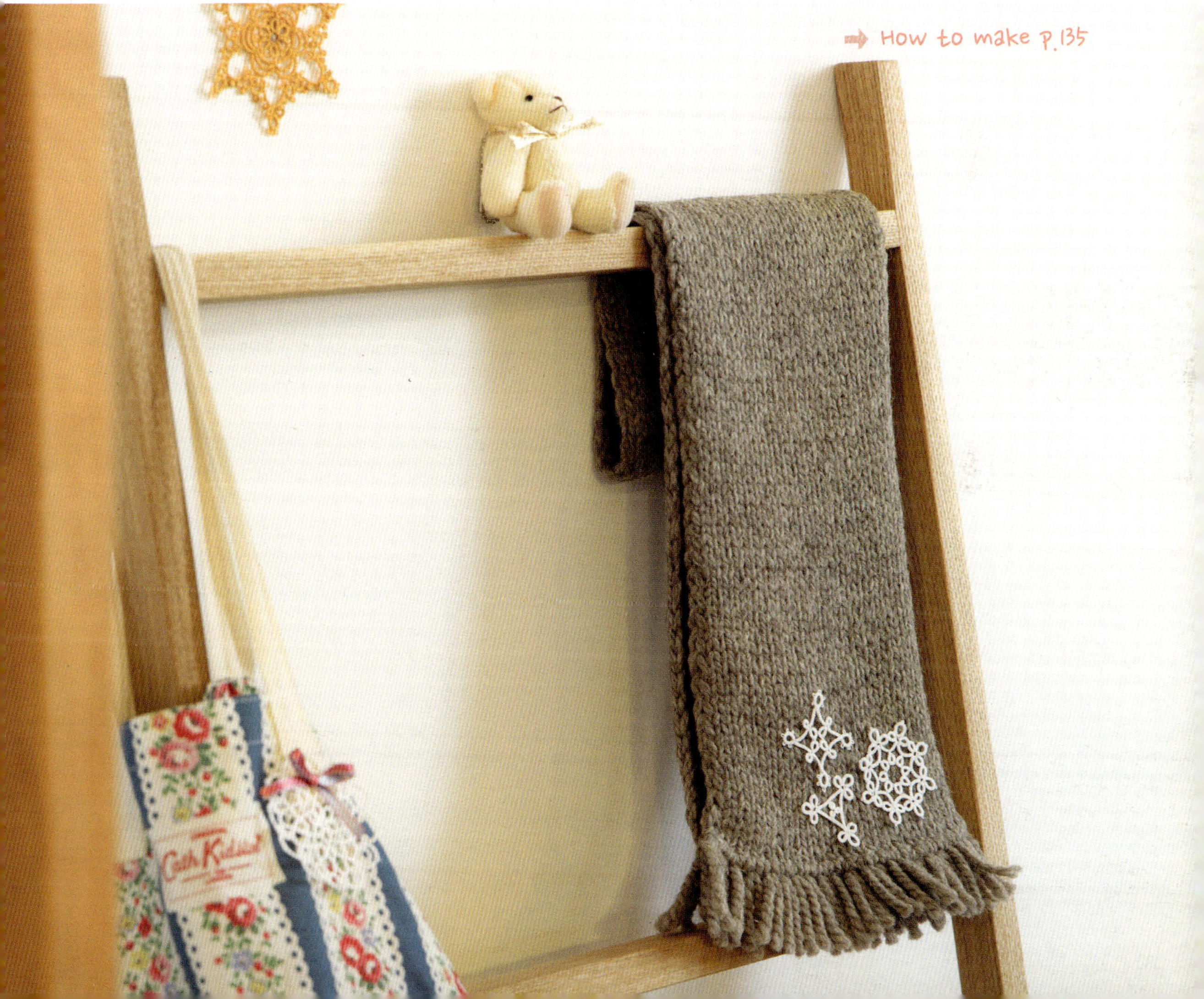

태팅 비녀

투박한 나무 비녀에 시원한 스카이블루 색 실과
작은 비즈를 달아 예쁜 태팅 비녀를 만들어 보세요.
심플하지만 우아한 핸드메이드 비녀가 완성돼요.

➡ How to make P.137

태팅 액세서리

태팅 액세서리는 어떤 실을 사용하느냐에
따라서 다양한 느낌을 연출할 수 있어요.
태팅의 기본 기법에 천연석이나
비즈를 활용하면 더욱 예쁜 액세서리를
만들 수 있어요.

How to make p.140

태팅 까뜨나주

➡ How to make p.142

재활용 상자에 천을 붙여 까또나주를
만들고 태팅 레이스를 더하면
고급스러운 보관함을 만들 수 있어요.
우아한 꽃줄기 무늬를 장식한 실 보관함과
마카롱 지갑은 꼭 갖고 싶은 아이템이에요.
피어나는 꽃 무늬를 장식한
원형 보관함은 장식장 위에 두기만 해도
행복함을 느낄 수 있어요.

태팅 레이스 손수건

뜨거운 햇살이 내리쬐는 여름, 바다로 나가 보세요.
시원한 바닷바람이 불고 멀리 보이는 바다에서는
개구쟁이 고래가 넘실대는 파도를 뚫고 나와 물을 뿜어 댈 것만 같아요.
파란 바다를 손수건에 담아 보세요.
링과 체인만으로 이루어진 간단한 엣징으로 무지 손수건이 특별하게 변신해요.
조세핀 링을 추가하면 고급한 느낌의 손수건을 만들 수 있어요.

➡ How to make p.144

태팅 레이스와
꽃, 잎사귀, 리본 등
자수 장식을 함께
넣어 보세요.

나비 리본 헤어 슈슈

➡ How to make p.146

싸개단추 위에 아주 간단한 모티프를
얹는 것만으로도 특별한 머리끈을
만들 수 있어요.
친구들에게 작은 선물을 하고 싶을 때
부담 없이 만들 수 있는 활용도 만점이
아이템이에요.

핸드메이드 태팅 카드

작은 정성을 담아 핸드메이드 태팅 카드를 만들어 보세요.
링과 체인 등 기본 기법으로만 엣징이나 모티브를 떠서 붙이면
특별한 핸드메이드 태팅 카드가 완성돼요.

➡ How to make p.148

여러 가지 모양의
작은 태팅 레이스를 만들어
장식에 활용해 보세요.

태팅의 기본 기법

태닝은 어떤 공예보다 배우기 쉽고
실생활에서 다양하게 활용할 수 있는
손뜨개의 일종이다.
더블 스티치라는 비교적 간단한 기법을
터득하는 것만으로도
아름다운 작품을 만들 수 있다.

태팅의 기본 자세

태팅의 기본은 셔틀에 실을 끼우고 풀리지 않게 매듭지어
실을 감는 것이다. 처음에 실을 잘 감아야 더블 스티치 만들기가 수월하다.

셔틀에 실 끼우기

셔틀의 코를 위로 하고 실을 가운데 구멍으로 넣어서 실이 풀리지 않게
매듭지어 실을 감는다.

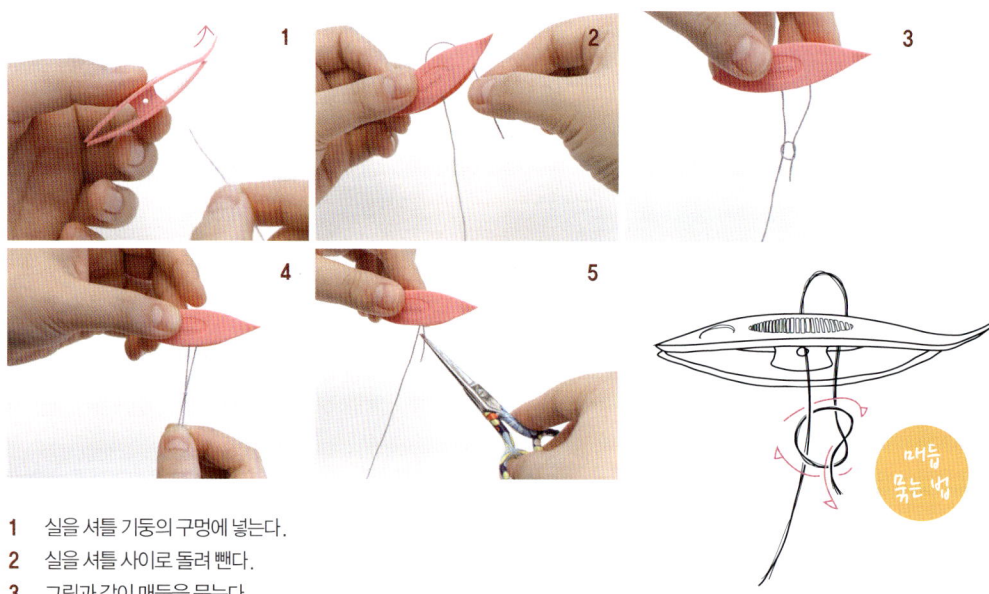

1 실을 셔틀 기둥의 구멍에 넣는다.
2 실을 셔틀 사이로 돌려 뺀다.
3 그림과 같이 매듭을 묶는다.
4 실을 아래쪽으로 당겨 매듭을 조인다.
5 실을 당겨 고리를 줄인 후 나머지 실을 정리한다.

매듭
묶는 법

셔틀에 실 감기

셔틀 코를 위로 두고 실을 시계 반대 방향으로 감는다.

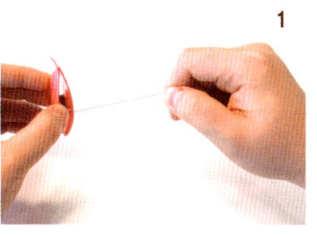

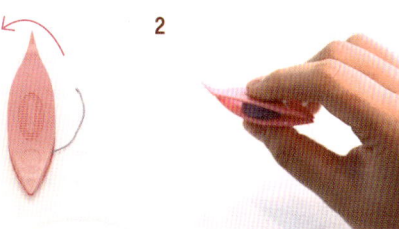

1　셔틀을 앞코가 왼쪽 위로 올라가게 잡는다.

2　실을 시계 반대 방향으로 감는다.

3　셔틀이 올바르게 감긴 모양.

실을 너무 많이 감지 않는다!

셔틀 밖으로 실이 나오면 작품을 만드는 동안 손때가 묻고 셔틀이 무거워져 손에서 잠깐만 놓쳐도 실이 저절로 풀린다.

셔틀 잡는 법

셔틀의 앞코가 위로 가게 하고, 오른손 엄지로 셔틀의 아래쪽을, 검지로 셔틀의 위쪽을 잡는다.

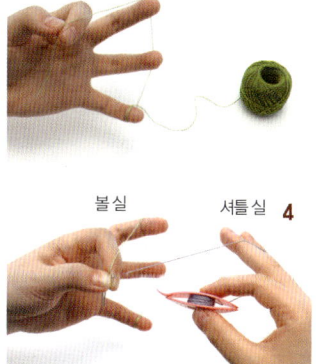

볼실　　셔틀 실

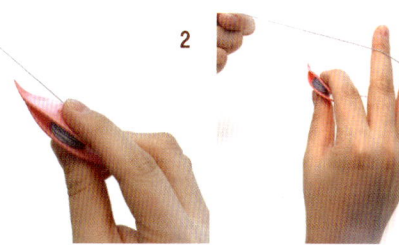

셔틀 다르게 잡는 법

실을 넷째 손가락을 지나 새끼손가락에 두 번 정도 감고 살짝 구부린다.

1　왼손의 엄지와 검지로 실을 잡고 새끼손가락에 두 번 정도 감아 고정한다.

2　셔틀의 코가 항상 위를 향하게 잡는다.

3　실을 셔틀 손등에 감는다.

4　실을 당겨 고리를 줄인 후 나머지 실을 정리한다.

더블 스티치 만들기(오른손잡이)

태팅의 가장 기본이 되는 기법. 첫 번째 하프 스티치와 두 번째 하프 스티치를 통해 하나의 스티치가 완성된다. 더블 스티치의 중요한 포인트는 작품을 만드는 실은 셔틀의 실이 아닌 왼손에 감긴 실이 된다는 점이다.

첫 번째 하프 스티치

더블 스티치를 이루는 첫 번째 스티치로 오른손에 셔틀 실을 살짝 감고, 셔틀이 왼손의 실 아래로 들어가서 위로 빠져나오게 한다.

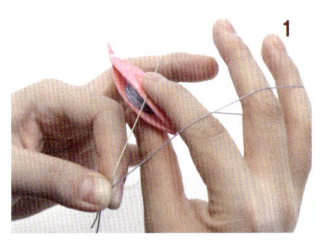

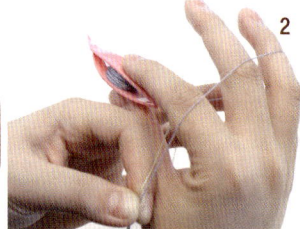

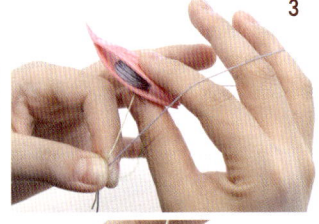

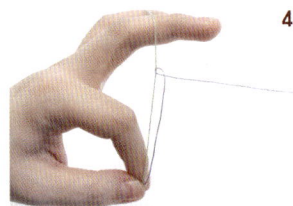

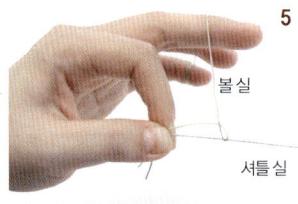

볼실

셔틀실

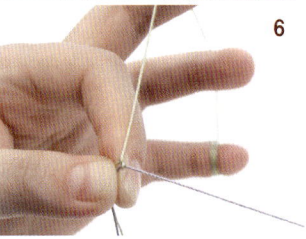

1 볼 실의 아래쪽으로 셔틀을 집어넣는다. 이때 볼 실을 셔틀의 등과 오른손 검지 사이를 가볍게 지나가게 한다.

2 셔틀이 완전히 들어가게 한다.

3 볼 실의 위쪽으로 셔틀을 빼낸다. 이때 볼 실을 셔틀의 배와 오른손 엄지 사이를 가볍게 지나가게 한다.

4 왼손 중지의 힘을 빼서 볼 실을 느슨하게 한 후, 셔틀을 잡아당긴다.

5 실 바뀜이 된다.

6 왼손 중지에 힘을 주어 볼 실을 바짝 당기면 매듭이 지어지며 첫 번째 하프 스티치가 완성된다.

셔틀 실이 볼 실을 통과하는 방향

두 번째 하프 스티치

두 번째 하프 스티치는 셔틀의 실을 오른손에 감지 않고,
셔틀이 왼손의 실 위로 들어가서 아래로 빠져나오게 한다.

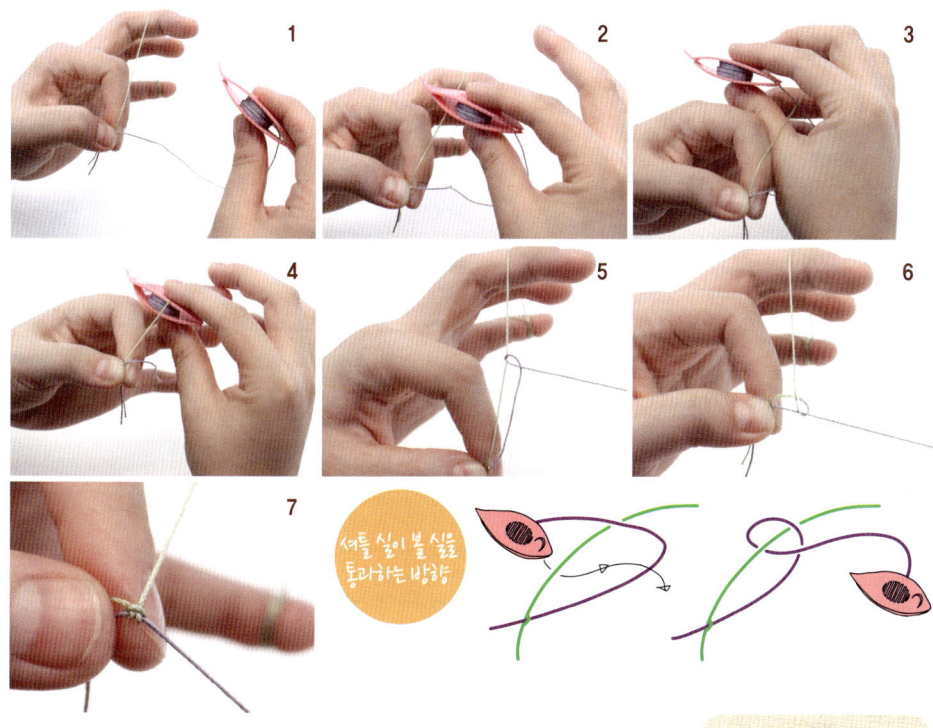

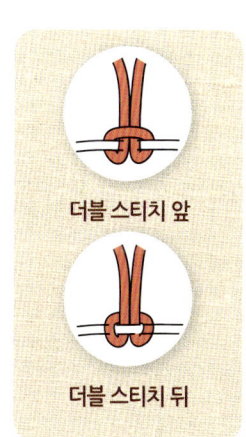

셔틀 실이 볼 실을
통과하는 방향

1 두 번째 하프 스티치를 할 때는 손등에 셔틀 실을 감지 않는다.
2 볼 실이 셔틀의 배와 오른손 엄지 사이를 지나가도록 셔틀을 볼 실의 위쪽에서
   안쪽 방향으로 넣는다.
3 셔틀이 완전히 지나가게 한다
4 볼 실의 아래쪽으로 셔틀을 빼낸다. 이때 볼 실이 셔틀의 등과 오른손 검지 사
   이를 지나간다.
5 왼손 중지의 힘을 빼서 볼 실을 느슨하게 한 후, 셔틀을 잡아당긴다.
6 실 바뀜이 된다.
7 두 번째 하프 스티치가 완성된다.

더블 스티치 앞

더블 스티치 뒤

실 바꿈

처음 스티치를 만들 때는 셔틀의 실이 왼손의 실을 감는 형태지만, 셔틀의 실을 살짝 당기면 왼손의 실이 셔틀 실에 감긴다. 실제로 작품을 만드는 실은 왼손의 실이 된다.

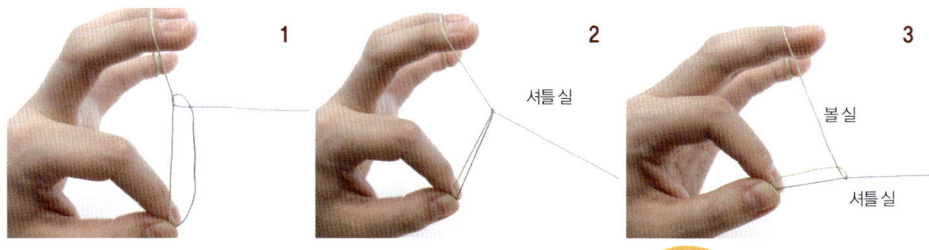

1 볼 실에 셔틀 실을 감는다.
2 왼손 중지의 힘을 살짝 빼서 볼 실을 느슨하게 하고 셔틀 실을 팽팽하게 잡아당긴다.
3 실 바꿈이 된다(셔틀 실에 볼 실이 감기는 모양이 되어야 한다).

실 바꿈된 더블 스티치
더블 스티치가 셔틀 실에서 좌우로 움직인다.

실 바꿈이 잘못된 더블 스티치
더블 스티치가 좌우로 움직이지 않고, 셔틀의 실 색으로 완성된다.

더블 스티치 만들기(왼손잡이)

첫 번째 하프 스티치를 할 때는 왼손에 셔틀 실을 살짝 감고 셔틀이 오른손의 실 아래로 들어가서 위로 빠져나오게 한다. 두 번째 스티치를 할 때는 왼손에 셔틀 실을 감지 않고, 셔틀이 오른손의 실 위로 들어가서 아래로 빠져나오게 한다.

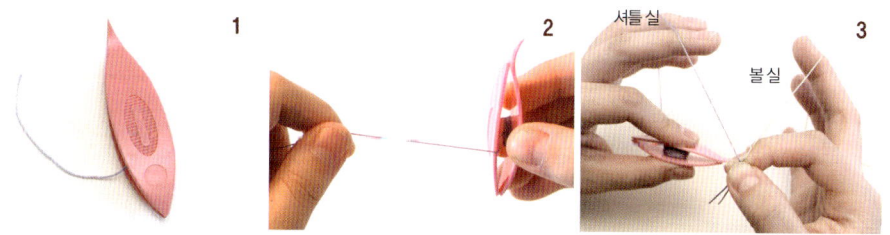

1, 2 실을 셔틀의 위쪽 방향으로 올려 감는다.
3 오른손의 엄지와 검지로 실을 잡고 새끼손가락에 두 번 정도 감아 고정한다.

첫 번째 하프 스티치

왼손잡이는 왼손에 셔틀 실을 살짝 감고 셔틀이 오른손의
실 아래로 들어가서 위로 빠져나오게 한다.

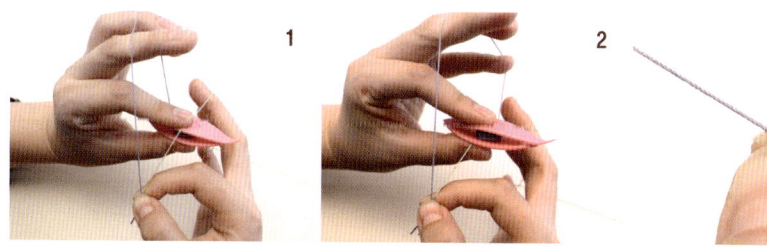

1 볼 실의 아래쪽으로 셔틀을 집어넣는다. 이때 볼 실이 셔틀의 등과 왼손 검지 사이를 가볍게 지나가게 한다.

2 볼 실의 위쪽으로 셔틀을 빼낸다. 이때 볼 실은 셔틀의 배와 왼손 엄지 사이를 가볍게 지나가게 한다.
3 실 바뀜이 되면 첫 번째 스티치가 완성된다.

두 번째 하프 스티치

두 번째 하프 스티치는 왼손에 셔틀 실을 감지 않고, 셔틀이 오른손의 실
위로 들어가서 아래로 빠져나오게 한다.

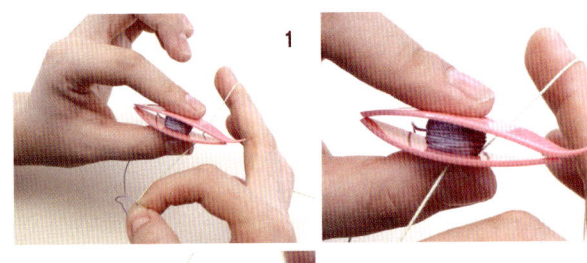

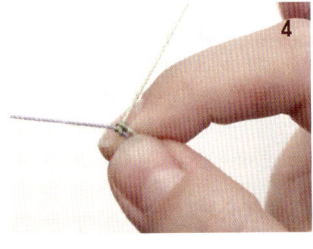

1 두 번째 하프 스티치를 할 때 손등에 셔틀 실을 감지 않는다.

2 볼 실의 위쪽으로 셔틀을 올린 후 안쪽 방향으로 집어넣는다. 이때 볼 실은 셔
틀의 배와 왼손 엄지 사이를 지나가게 한다.

3 볼 실의 아래쪽으로 셔틀을 빼낸다. 이때 볼 실이 셔틀의 등과 왼손 검지 사이
를 지나가게 한다.

4 실 바뀜이 되면 두 번째 하프 스티치가 완성된다.

체인 만들기

두 가닥의 실을 이용하여 연속적으로 더블 스티치하여 모양을 만드는 기법이다.

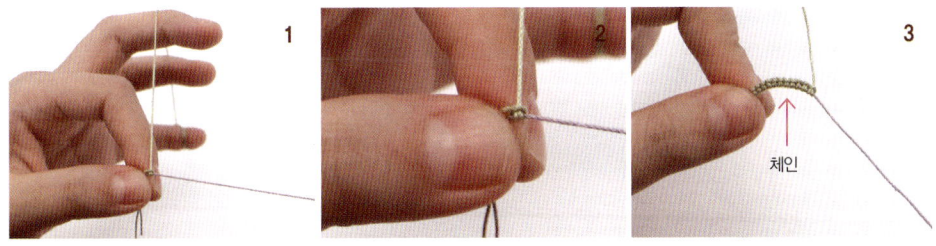

체인

1, 2 두 가닥의 실로 더블 스티치한다.
3 더블 스티치를 반복하면 체인이 완성된다.

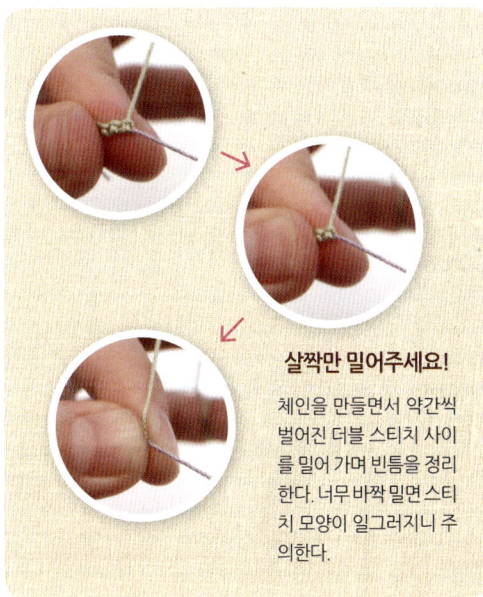

살짝만 밀어주세요!

체인을 만들면서 약간씩 벌어진 더블 스티치 사이를 밀어 가며 빈틈을 정리한다. 너무 바짝 밀면 스티치 모양이 일그러지니 주의한다.

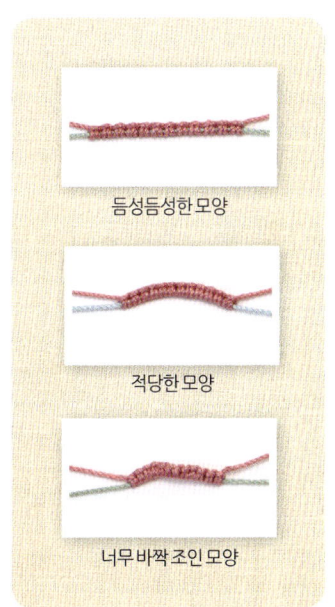

듬성듬성한 모양

적당한 모양

너무 바짝 조인 모양

링 만들기

셔틀에 감긴 실 한 가닥을 이용해서 원형을 만드는 기법이다.

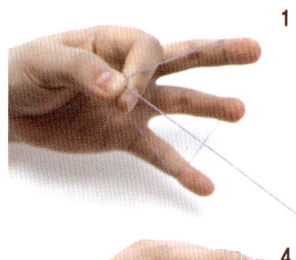
1

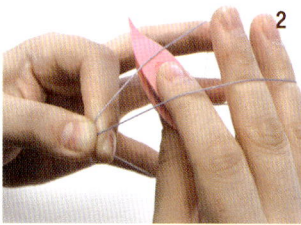
2

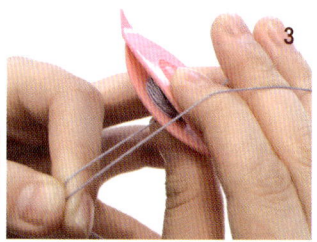
3

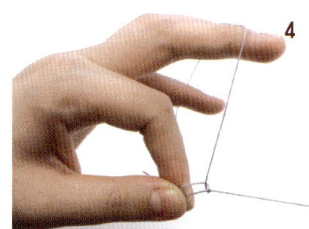
4

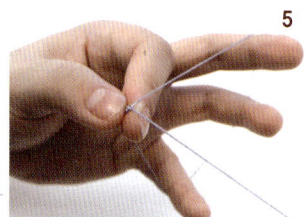
5

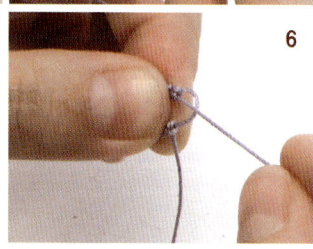
6

7

링을 닫을 때 실이 꼬이지
않게 더블 스티치 끝 부분을
살짝 잡는 것이 중요하다.

1 　　　실을 왼손 바깥으로 한 바퀴 돌려 엄지와 검지로 잡는다.

2, 3, 4 실 바뀜이 되도록 주의하면서 더블 스티치한다.

5 　　　필요한 만큼 더블 스티치한다.

6, 7 　링을 닫는다(스티치된 부분을 잡고 셔틀 실을 잡아당긴다).

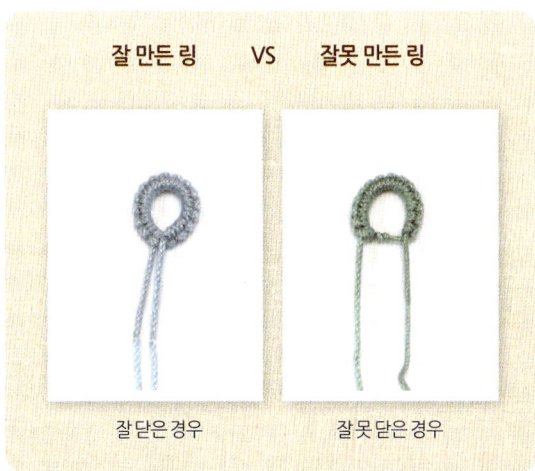

잘 만든 링   VS   잘못 만든 링

잘 닫은 경우   잘못 닫은 경우

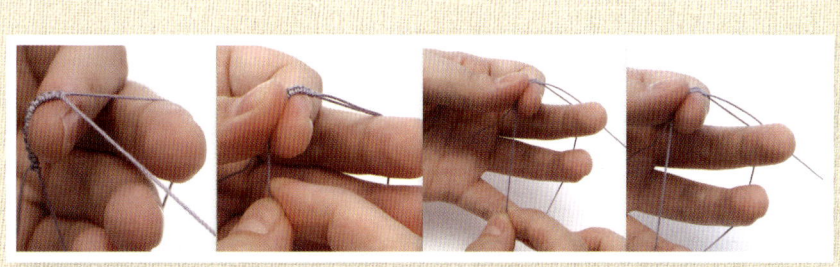

링이 점점 작아질 때
엄지 아래쪽 실을 당기면 다시 링이 커진다.

피코 만들기

태팅 레이스를 예쁘게 장식하거나, 링과 링 또는 링과 체인을 연결할 때 사용한다. 장식용은 길게, 연결용은 짧고 작게 만든다.

피코

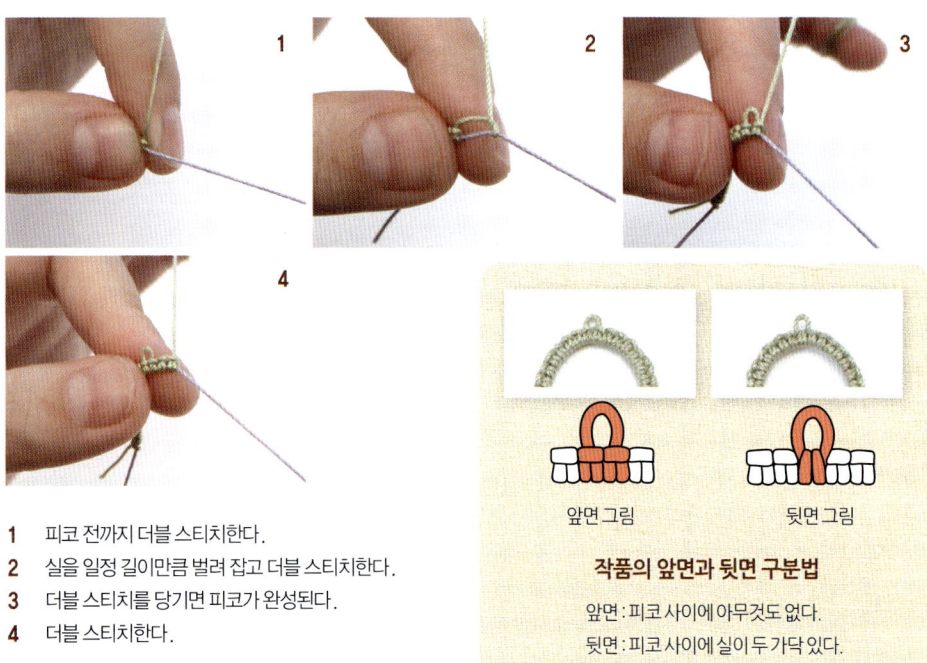

1　피코 전까지 더블 스티치한다.
2　실을 일정 길이만큼 벌려 잡고 더블 스티치한다.
3　더블 스티치를 당기면 피코가 완성된다.
4　더블 스티치한다.

앞면 그림　　　　뒷면 그림

작품의 앞면과 뒷면 구분법

앞면 : 피코 사이에 아무것도 없다.
뒷면 : 피코 사이에 실이 두 가닥 있다.

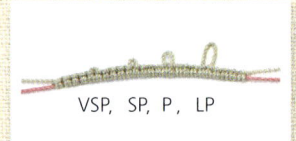

VSP, SP, P, LP

다양한 피코 길이

사용자의 편의에 따라 피코의 크기를 조절하며 작품을 만든다. 조인할 피코를 만들 때는 주로 SP를 이용한다.

VSP(Very Small Picot)
SP(Small Picot)
P(Picot)
LP(Long Picot)

피코 게이지 사용법_ 수직식

정해진 길이의 피코를 만들거나 모든 피코를 일정한 길이로 맞출 때 피코 게이지를 사용하기도 한다.

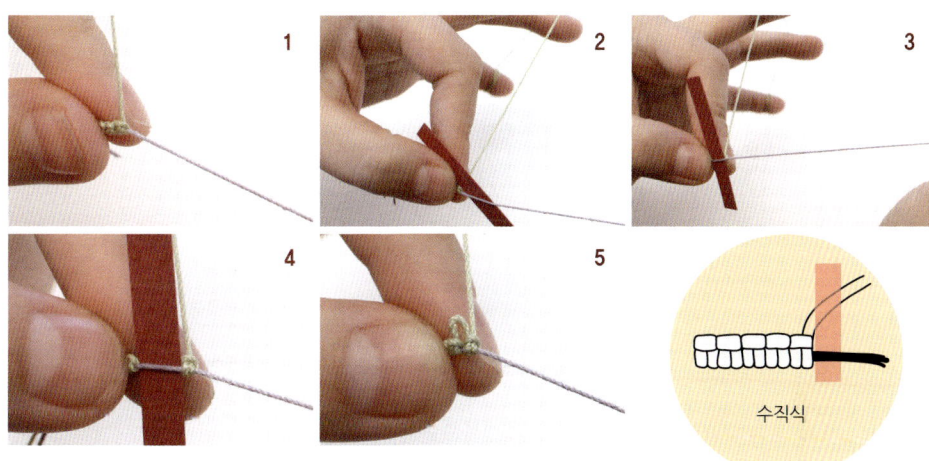

1 더블 스티치한다.

3, 4 더블 스티치하고 피코 게이지를 뺀다.

2 피코 게이지를 실 사이에 수직으로 끼운다.

5 더블 스티치를 붙이면 피코 게이지의 1/2 길이 정도의 피코가 완성된다.

피코 게이지 사용법_ 수평식, 연속 피코 만들기

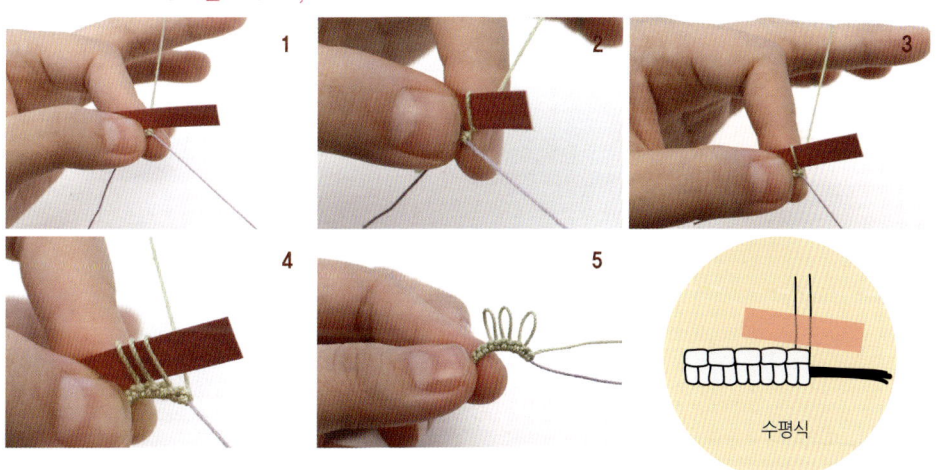

1 실 위에 피코 게이지를 둔다.　**2** 피코 게이지에 실을 감는다.　**3** 더블 스티치한다.

4 피코 게이지를 빼지 않고 피코를 만들며 더블 스티치한다.　**5** 피코 게이지를 빼면 피코 게이지 길이의 피코가 완성된다.

잘못된 스티치 풀기

체인과 링을 만들 때 잘못된 스티치를 푸는 방법이다. 더블 스티치가 잘못됐을 때 첫 번째 스티치와 두 번째 스티치 사이에 셔틀 코를 살짝 넣어서 윗부분 실을 살짝 끌어 당긴 후 스티치를 만들었던 반대 방향으로 셔틀을 통과하여 풀어 준다.

체인

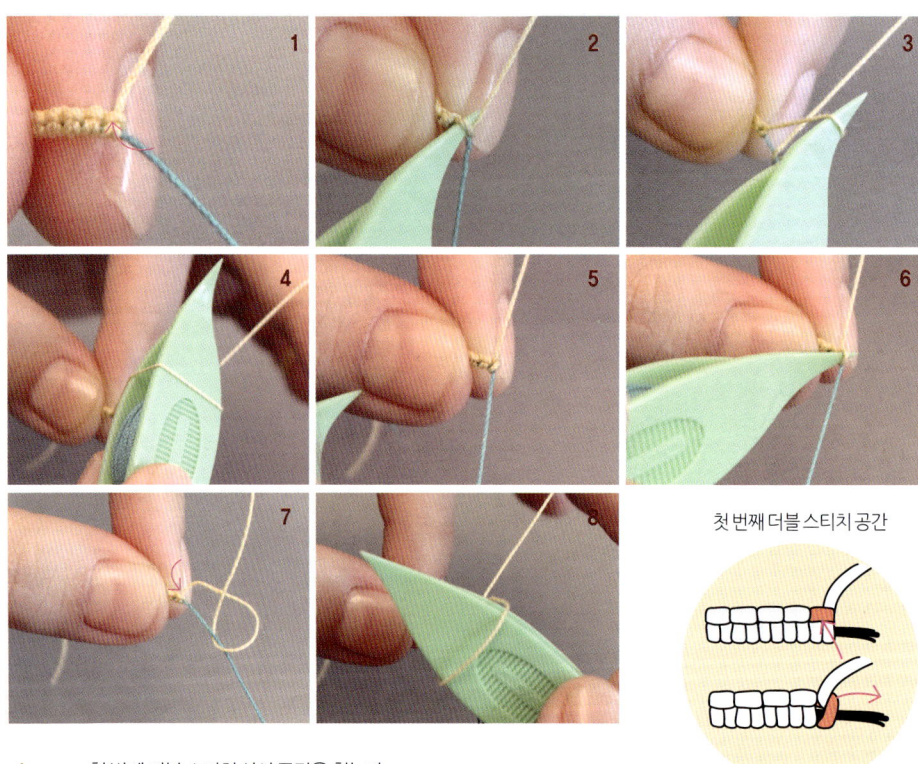

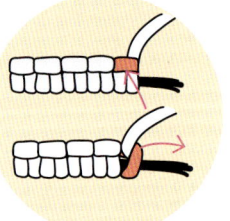

첫 번째 더블 스티치 공간

두 번째 하프 스티치 공간

1	첫 번째 더블 스티치 사이 공간을 찾는다.
2, 3, 4	셔틀 코를 실에 집어넣어 실을 살짝 당긴 후 셔틀을 더블 스티치 사이 공간에 통과시킨다.
5	두 번째 하프 스티치 공간을 찾는다.
6	셔틀 코를 실에 집어넣어 벌린다.
7, 8	셔틀을 화살표 반대 방향으로 통과시켜 실을 풀어 준다.

링

링을 닫은 후에 잘못된 스티치를 발견했다면, 링이 닫힌 방향에서 가장 가까운 피코를 살짝
벌려서 아래 실을 끌어당기며 실을 길게 빼고 닫았던 링을 벌린다.

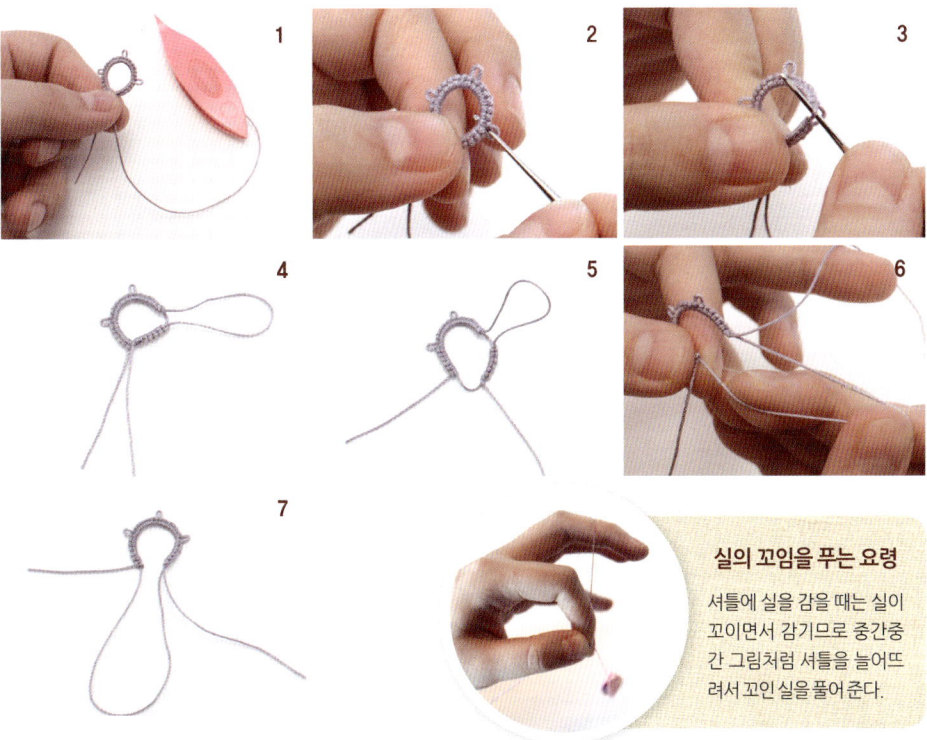

실의 꼬임을 푸는 요령

셔틀에 실을 감을 때는 실이
꼬이면서 감기므로 중간중
간 그림처럼 셔틀을 늘어뜨
려서 꼬인 실을 풀어 준다.

1   링을 닫은 곳에서 가장 가까운 피코 사이를 살짝 벌린다.
2   더블 스티치 속에 숨겨진 실을 살짝 당기면서 실을 빼낸다.
3   실이 위로 올라오면 닫힌 부분을 벌린다.
4   벌린 사이로 실을 빼낸다.
5, 6   링이 넓어지면 셔틀이 통과할 공간이 생긴다.
7   마지막 더블 스티치부터 풀어 준다.

리버스 워크

작품의 위아래를 바꾸는 기법이다. 링과 체인은 서로 반대 방향으로 진행되므로
주로 링과 체인으로 작품을 만들 때 리버스 워크를 한다.

리버스 워크

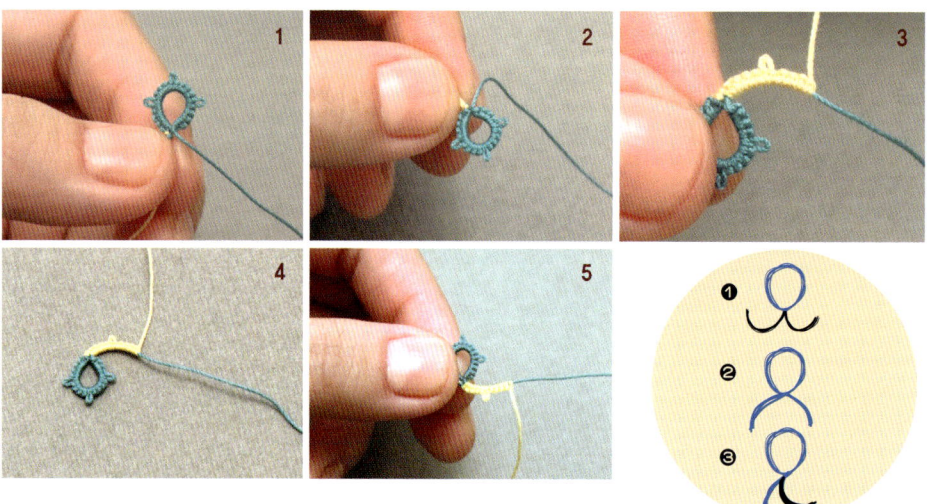

1 링을 만든다.
2 뒷면. 링을 아래로 뒤집는다.
3, 4 뒷면. 체인을 만든다.
5 앞면. 다시 앞쪽으로 뒤집는다.

리버스 워크를 하는 경우

❶ 체인-리버스 워크-링-리버스 워크-체인
❷ 체인-링-체인
❸ 체인-링-리버스 워크-체인

조인

두 개의 피코를 서로 연결하는 기법이다. 조인한 것은 한 개의 더블 스티치로 세지 않는다.

조인

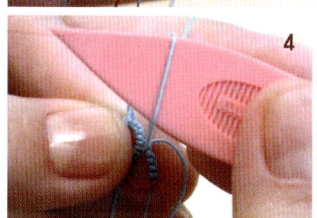

1 먼저 만들어 둔 피코에 조인을 준비한다.
2 조인할 피코를 실 위에 올린다.
3 셔틀의 코를 피코 속으로 집어넣어 아래쪽 실을 위로 끌어올린다.
4 셔틀을 통과시킨다.
5, 6 아래쪽 실을 다시 살짝 당겨서 피코 사이로 걸린 실이 다른 더블 스티치와 나란한 모양이 되게 한다.
7 완성된 조인.

조인의 좋은 예와 나쁜 예

조인할 때 왼손의 실을 지나치게 당기면 셔틀의 실이 피코 아래로 끌려가 조인된다. 이때 조인이 잘못되면 더블 스티치가 움직이지 않는다.

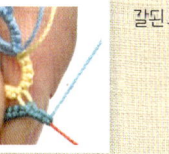

갈린 조인

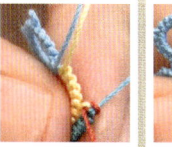

잘못된 조인

폴디드 조인

원형으로 작품을 만들 때는 마지막에 조인할 피코가 오른쪽에 오기 때문에 일반적인 조인으로는 작품이 반듯하게 만들어지지 않는다. 그래서 작품을 반으로 접어서 피코의 위치를 왼쪽으로 오게 한다.

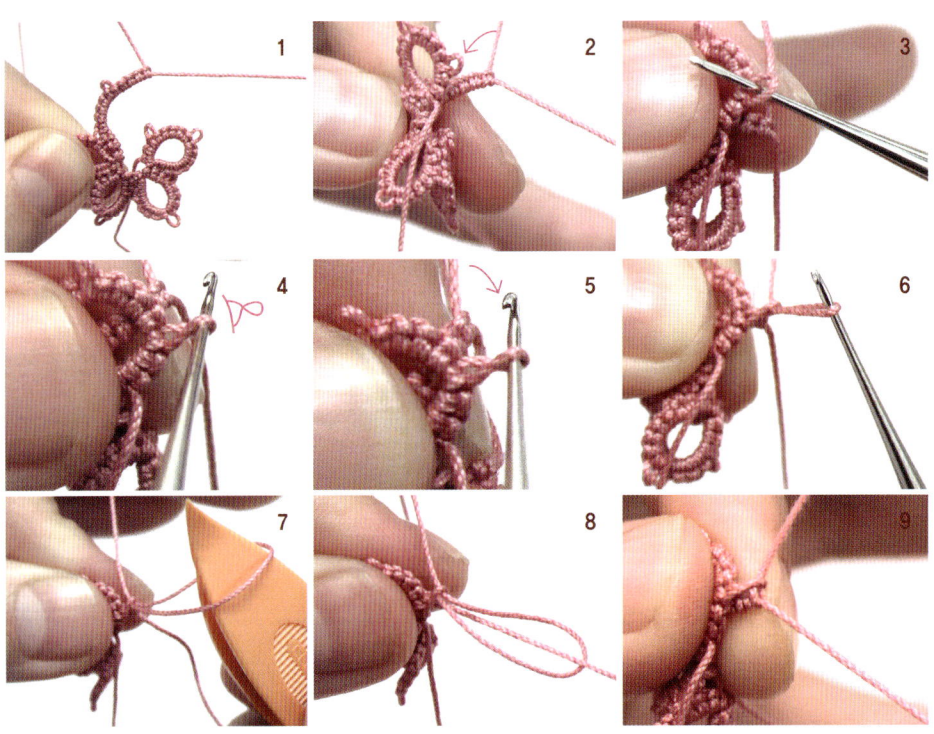

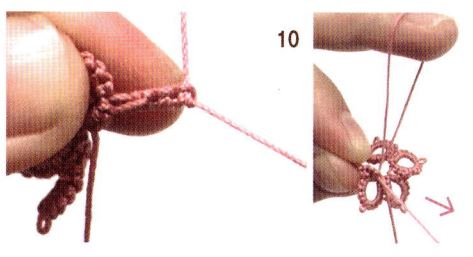

10

11

12

1	조인할 피코가 오른쪽에 있을 때 폴디드 조인한다.
2	모티브를 반으로 접어 조인할 피코가 왼쪽에 오게 한다.
3	조인할 피코의 뒤에서 앞쪽으로 코바늘을 넣는다.
4	코바늘을 위쪽으로 돌려 피코를 꼬아 준다.
5, 6	조인할 실을 걸어서 당긴다.
7	셔틀을 6번에서 끌어올린 실 사이에 통과시키다
8	빠져나온 실을 줄인다.
9	조인된 모습(피코가 아직 꼬여 있는 것이 보인다).
10	더블 스티치한다.
11, 12	접힌 것을 풀고 링을 닫는다.

락 조인

체인을 피코에 연결할 때 셔틀의 실을 이용하여 조인하는 기법이다. 링을 만들 때는 사용할 수 없다.
락 조인은 1개의 더블 스티치로 세지 않는다.

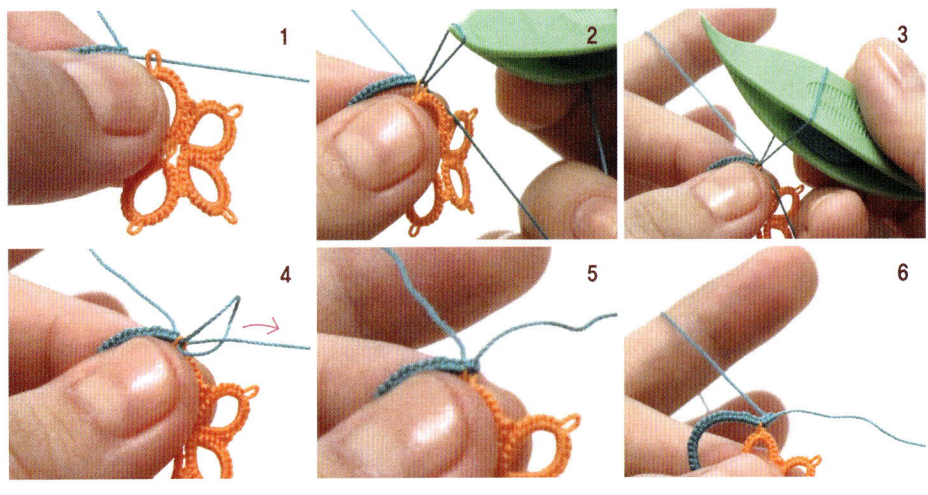

1 체인을 만들던 실 위에 연결할 피코를 올린다.
2 피코 사이로 셔틀 코를 집어넣어 실을 끌어올린다.
3 실 사이로 셔틀을 통과시킨다.
4 빠져나온 실을 당겨 빈틈없이 줄인다.
5, 6 더블 스티치한다.

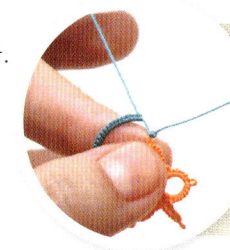

잘못된 예

4, 5번을 진행할 때 빠져나온 실을 바짝 당기지 않으면 빈틈이 생긴다.

실 묶는 방법

실을 묶을 때 두 가닥의 실을 쉽게 풀리지 않게 매듭 형태로 묶는다.

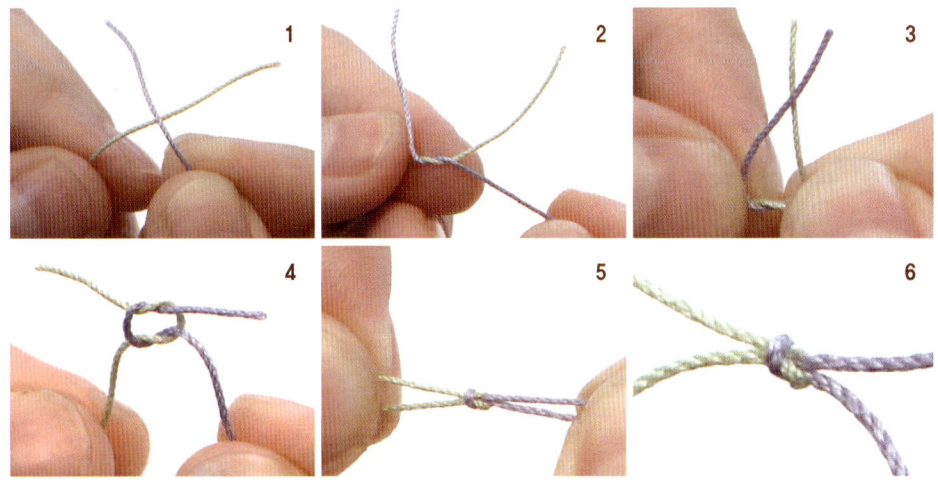

1   보라색 실이 녹색 실 위에 오게 실을 교차해서 잡는다.

2   실을 한 번 묶는다.

3   처음 위쪽에 있던 보라색 실을 위로 올려서 녹색 실과 교차시킨다.

4   실을 또 한 번 묶는다.

5   실을 당겨 매듭을 만든다.

6   완성된 매듭.

그림과 같이 매듭을 묶는다

시작할 때 실 감추는 방법

처음 매듭을 묶어 생기는 두 가닥의 실 끝을 더블 스티치 사이로 감추어서 작품이 완성되었을 때 시작과 끝나는 지점이 두꺼워지지 않게 하는 기법. 두 가닥의 실 중 1개는 링 쪽으로 감추고, 다른 1개는 체인 쪽으로 감춰서 감춰진 부분이 두껍지 않게 한다.

링

처음 링을 만들 때 매듭에 남은 실 한 가닥을 더블 스티치 진행 방향과 동일하게 하여 실을 감춘다.

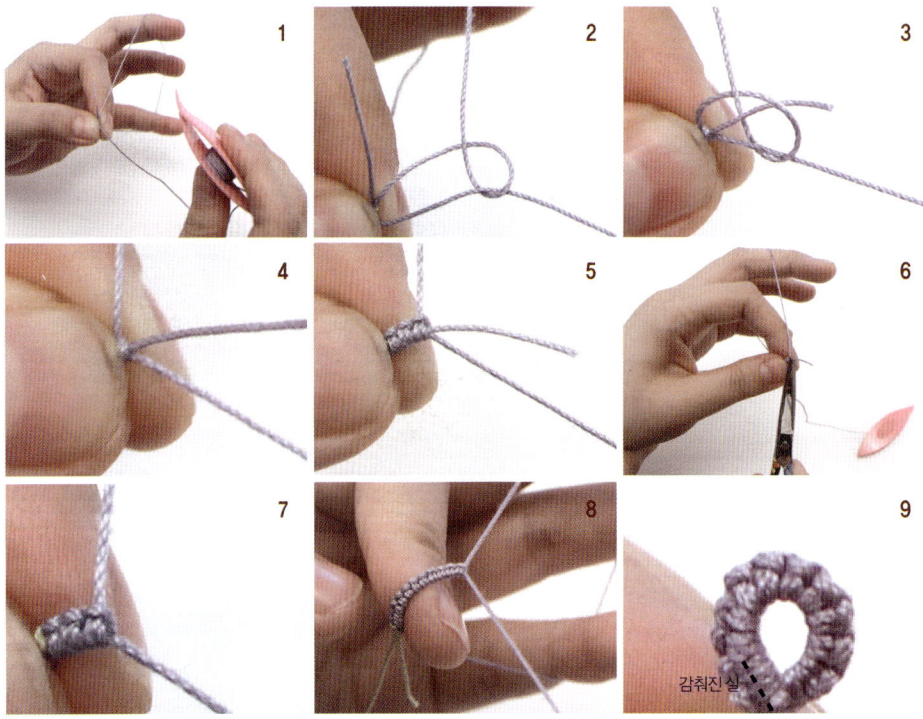

감춰진 실

1 준비 자세를 한다.		**5** 실 숨기기를 3~4번 한다.
2 더블 스티치를 느슨하게 한다.		**6, 7** 숨기기한 실을 정리한다.
3, 4 남는 실을 더블 스티치 사이로 넣어 숨긴다.		**8, 9** 실이 감춰진 링.

체인

매듭의 남은 한 가닥 실은 체인을 만드는 더블 스티치의 진행 방향과 동일하게 하여 감춘다.
이렇게 하면 작품이 두꺼워지지 않는다.

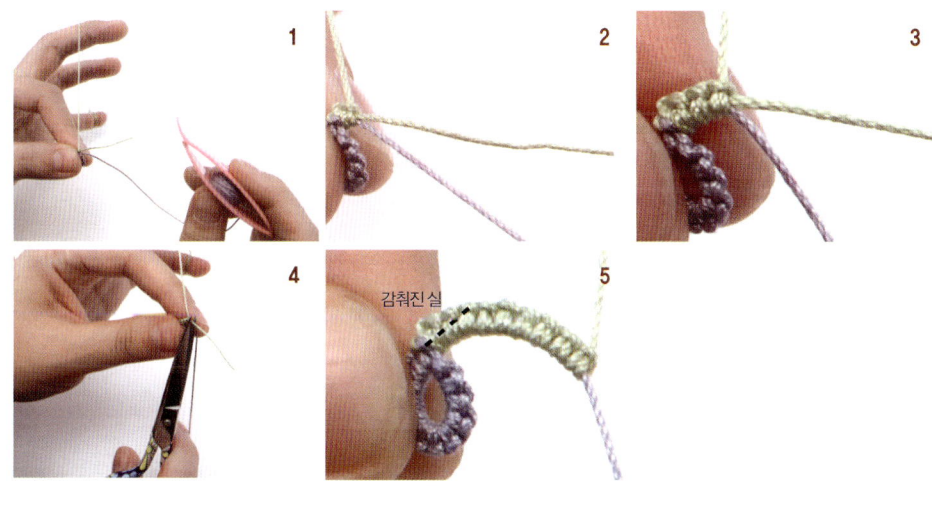

1   실과 링을 단단히 잡는다.
2   실 숨기기를 3~4번 한다.
3, 4   숨기기한 실을 정리한다.
5   실이 감춰진 체인.

CTM (Continuos Tread Method) 기법

작품을 처음 만들 때 셔틀에 실을 감은 후 실을 자르지 않고 시작하여 실 마무리를 줄일 때 사용하는 기법. 한 가지 색상의 실로 진행하므로 링과 체인의 색을 다르게 하고 싶을 때는 하지 않는다.

볼 실과 셔틀을 이용한 CTM 기법

셔틀에 실을 감은 뒤 실을 끊지 않고 작품을 시작한다. 단, 작품이 체인으로 시작할 때는 핀이나 클립 등에 감아서 첫 번째 피코를 만든 뒤 시작한다.

1   CTM 기법으로 셔틀에 실을 감은 모양.

셔틀과 셔틀을 이용할 때

2개의 셔틀을 이용하여 작품을 만들 때 실을 끊지 않기 위해 첫 번째 셔틀에 실을 모두 감은 후, 실을 자르지 않고 셔틀 방향을 살짝 바꿔서 밖으로 실을 감아 둔다. 두 번째 셔틀에 다 감을 수 있는 분량이 되면 실을 자르고 그 끝을 두 번째 셔틀에 묶은 후, 첫 번째 셔틀 밖에 감아 둔 실을 두 번째 셔틀에 옮겨 감는다.

1 첫 번째 셔틀에 실을 감는다.

2, 3 실을 끊지 않고 첫 번째 셔틀 외부로 두 번째 셔틀에 감을 실을 감는다.

4 셔틀에 실을 적당히 감은 후 자른다.

5, 6 첫 번째 셔틀에서 실을 풀어 두 번째 셔틀에 감는다.

새 실 연결하기

작품 중간에 실이 모자랄 때 새로운 실을 연결하는 방법으로 실이
약 20㎝ 정도 남았을 때 한다.

링

링을 만들 때 셔틀에 감긴 실과 새로운 실을 동시에 감아 첫 번째 하프 스티치를 한 후, 더블
스티치 방향으로 새 실을 감춰 가며 링을 만든다.

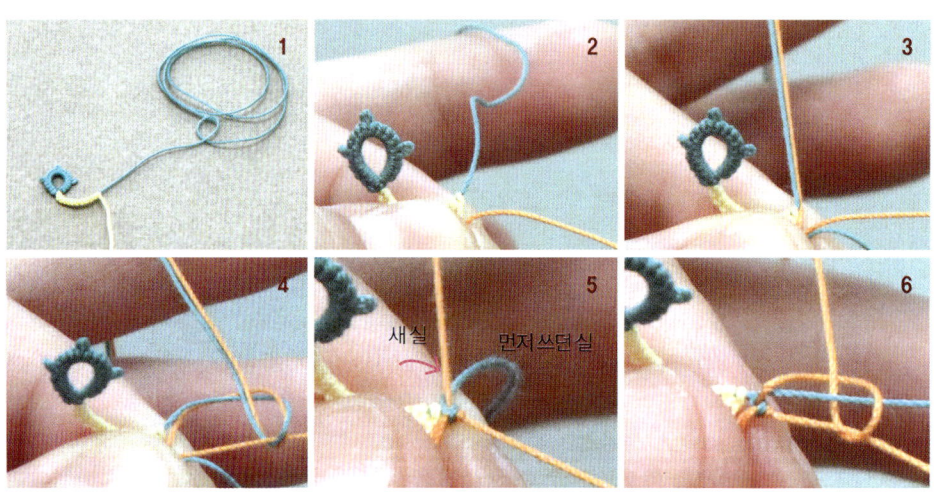

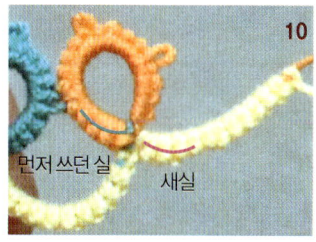

먼저 쓰던 실　　새실

1　　링을 만들 때는 실이 20㎝ 정도 남아야 한다.

2　　먼저 쓰던 실과 새 실을 나란히 잡는다.

3　　링 만들기를 위한 실잡기를 한다.

4　　첫 번째 하프 스티치를 한다.

5　　먼저 쓰던 실을 새 실의 뒤쪽으로 넘긴다.

6　　두 번째 하프 스티치를 할 때 먼저 쓰던 실을 숨긴다.

7　　완성된 더블 스티치.

8　　먼저 쓰던 실을 숨기며 3~4번 더블 스티치한 후 나
　　　머지 작업을 진행한다.

9, 10 새 실의 처음 자투리 부분은 체인에 숨긴다.

체인을 만드는데 실이 부족한 경우

새로 연결한 실로 매듭지어 묶은 후, 링을 만드는 더블 스티치 방향으로
실을 감춘다. 링을 완성한 후에 새로 연결한 실로 체인을 만든다.

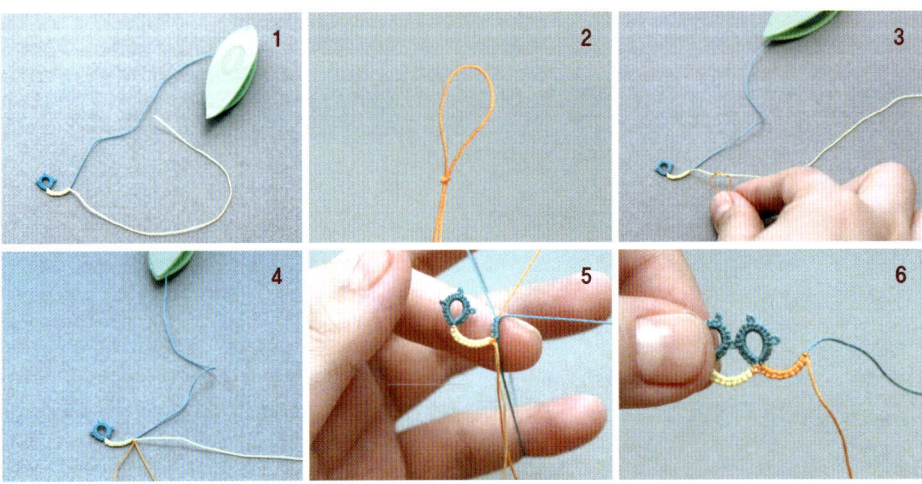

1   체인을 만드는 데 실이 모자를 경우.
2   새로 연결한 실을 매듭지어 고리를 만든다.
3   새 실의 고리를 먼저 쓰던 실에 넣는다.
4   바짝 당겨 매듭을 조인다.
5   링에 새로 연결한 실의 자투리 부분을 숨기며 3~4번 더블 스티치한다.
6   먼저 쓰던 실의 자투리 부분을 체인에 숨긴다.

새 실 VS 먼저 쓰던 실

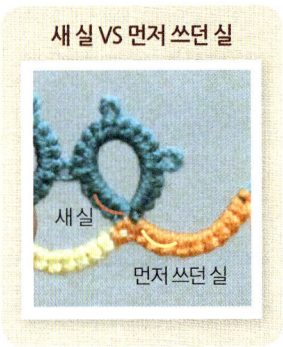

새 실

먼저 쓰던 실

작품 마무리하기

작품이 완성되면 실을 매듭지어 남은 실을 감추어야 한다.
풀칠로 간단하게 마무리하는 방법과 바늘로 더블 스티치 사이로
감추는 방법, 얇은 실을 이용하는 방법이 있다.

풀칠하기

작품이 완성된 후 매듭 부분에 섬유 전용 풀을 칠해서 마무리한다. 이때 풀칠을 매듭 주변까
지 해야 주변의 실과 매듭이 같이 고정되어서 쉽게 풀리지 않는다. 마무리 실을 너무 짧게 자
르면 매듭이 풀릴 수 있으니 약간의 여유를 남기고 실을 자른다.

1 도일리 뒷면.
2 실을 두 번 묶는다.
3 풀칠한다.
4 마르면 실을 자른다.

바늘로 감추기

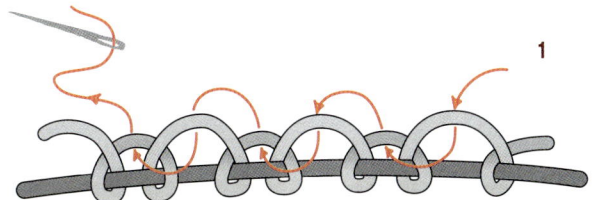

십자수 바늘이나 비즈 작업용 바늘과 같
이 끝이 뭉툭한 바늘을 이용해 남은 실을
더블 스티치 사이로 넣어 마무리한다.

얇은 실(Magic Thread) 이용하기

얇은 실을 이용하면 마무리한 실이 더블 스티치 안으로 들어가서 실이 눈에 보이지 않는다.
10㎝ 정도 길이의 가는 실(퀼팅용 실, 치실 추천)을 사용한다.

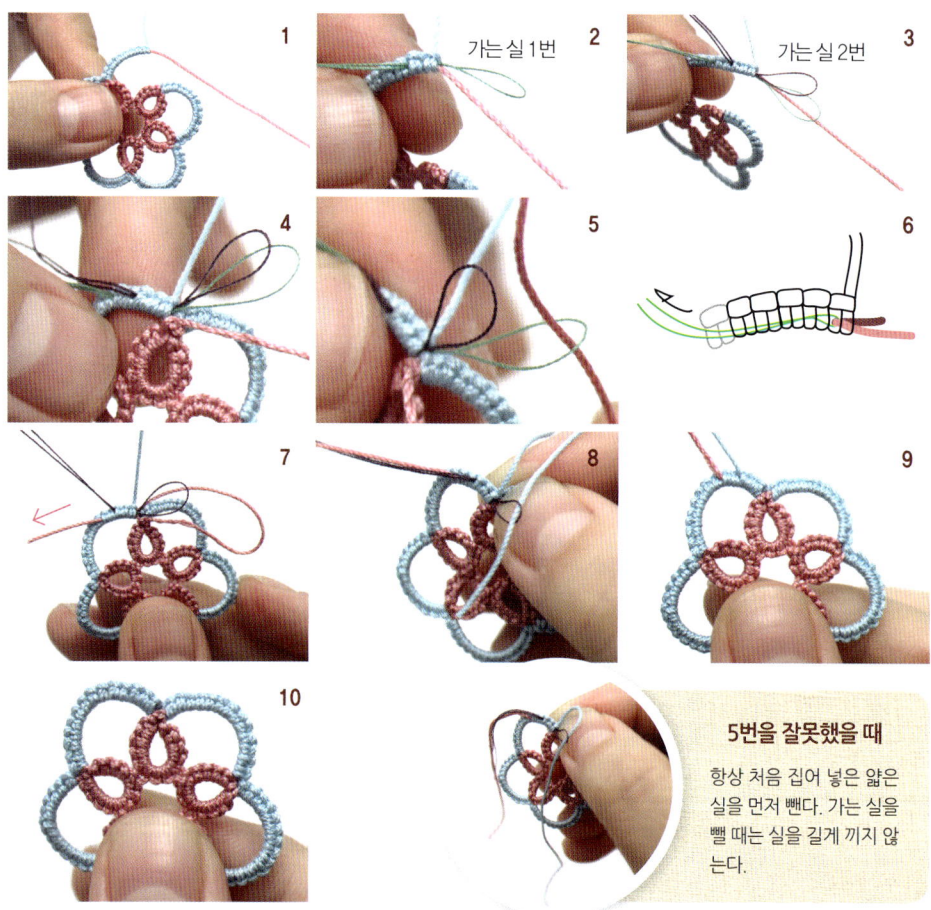

1 5번의 더블 스티치 공간을 남긴다.	**7** 남은 셔틀 실을 당겨 정리한다.
2 가는 실 1번을 반 접어 실 사이에 넣고 더블 스티치를 2개 한다.	**8** 가는 실 2번에 볼 실을 넣고 빼낸다.
3 가는 실 2번을 끼우고 가는 실 1번과 함께 더블 스티치한다.	**9** 빠져나온 실을 자른다.
4 작품 마지막을 락 조인으로 정리한다.	**10** 완성된 모양 .
5 가는 실 1번에 셔틀 실의 끝 부분 1~2㎝를 끼운다.	
6 가는 실 1번을 빼낸다. 이때 셔틀 실이 같이 빠져나와야 한다.	

조세핀 매듭

더블 스티치의 첫 번째 스티치나 두 번째 하프 스티치 중 한 가지 스티치만을 반복해서 만드는 기법이다.

조세핀 링

조세핀 매듭을 이용하여 링을 만든다.

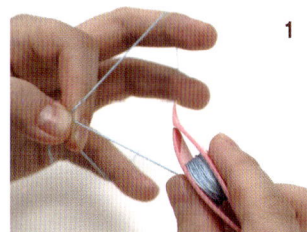
1

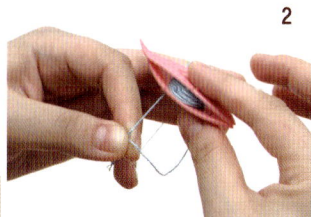
2

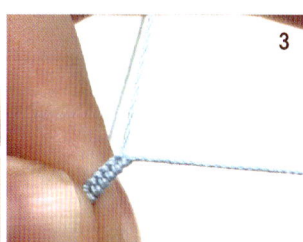
3

4

1 링 만들기로 실을 잡는다.
2 첫 번째 또는 두 번째 하프 스티치 중 한 가지만 반복한다.
3 필요한 만큼 두 번째 하프 스티를 반복하고 앞으로 밀어서 정리한다.
4 링을 닫으면 완성.

조세핀 링 비교

첫 번째 하프 스티치로 만든 조세핀 링

두 번째 하프 스티치로 만든 조세핀 링

스티치를 작게 하면 작은 링이 된다.

스티치를 크게 하면 큰 링이 된다.

조세핀 체인

조세핀 매듭을 이용하여 체인을 만든다.

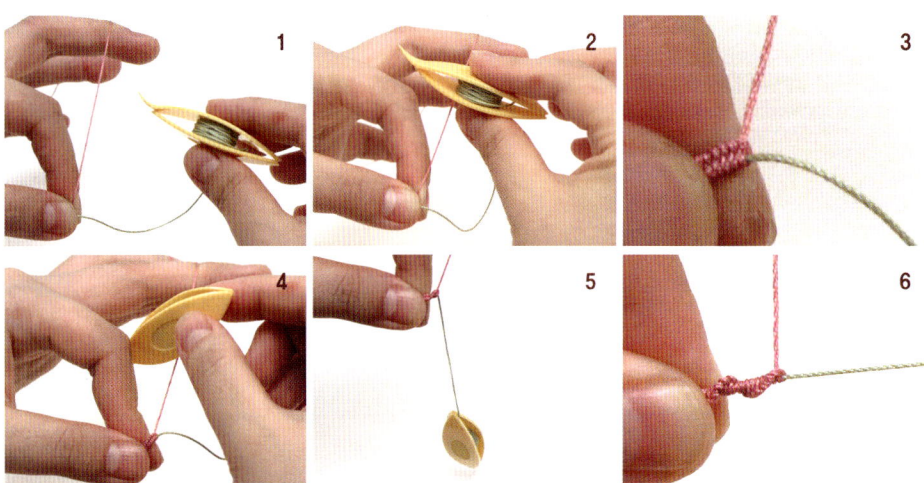

1   체인 만들기로 실을 잡는다.

2   두 번째 하프 스티치를 반복한다.

3   하프 스티치를 8번 반복한 후 체인의 모양을 잡아 준다.

4, 5   자연스러운 꼬임을 위해 셔틀을 반대쪽으로 넘긴다.

6   과정을 반복하면 조세핀 체인이 완성된다.

조세핀 예시

바른 조세핀 체인

잘못된 조세핀 체인

조세핀 매듭을 반복하면 모양이 꼬이므로 5번 정도 스티치를 반복한 다음 살짝 당겨 모양을 잡는다.

플로팅 링, 목 링, 셀프 클로즈드 목 링

플로팅 링, 목 링, 셀프 클로즈드 목 링의 형태는 비슷하지만
만드는 방법에는 차이가 있다.

플로팅 링(Floating Ring)

두 개의 셔틀을 가지고 체인을 만들다가 체인 위에 달린 링을 만들어야 할
때 셔틀 바꾸기를 해서 체인을 만들던 실로 링을 만든다.

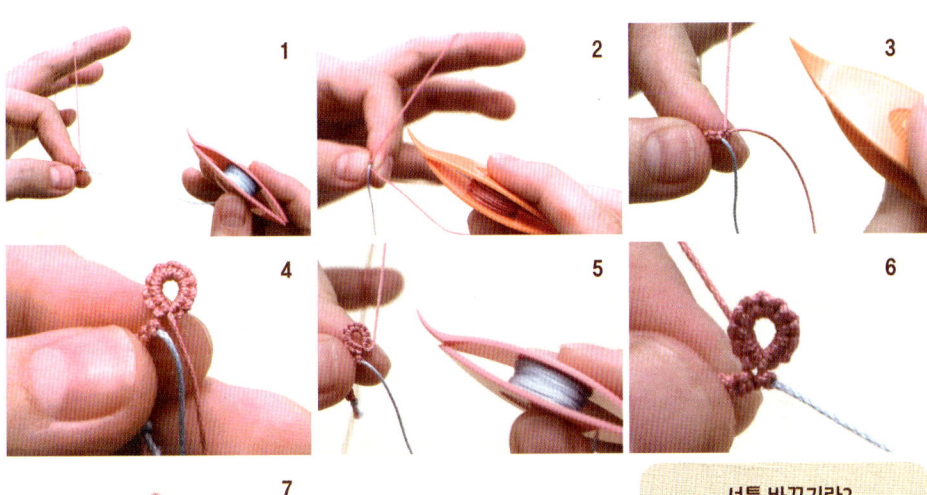

셔틀 바꾸기란?

플로팅 링의 시작과 끝에 셔틀을
바꾸는 것을 셔틀 바꾸기(Switch
Shuttle, SS)라고 한다.

1 체인을 만든다.

2 셔틀을 바꿔 링 모양으로 잡는다.

3 첫 번째 하프 스티치를 체인에 바짝 붙여서 한다.

4 완성된 링.

5 다시 셔틀을 바꿔 잡는다.

6 다시 시작하는 체인의 첫 번째 하프 스티치는 바짝 붙여서 한다.

7 완성된 플로팅 링.

목 링 기법

실제로는 링이 아니지만, 체인을 이용하여 링처럼 보이게 만드는 기법이다.

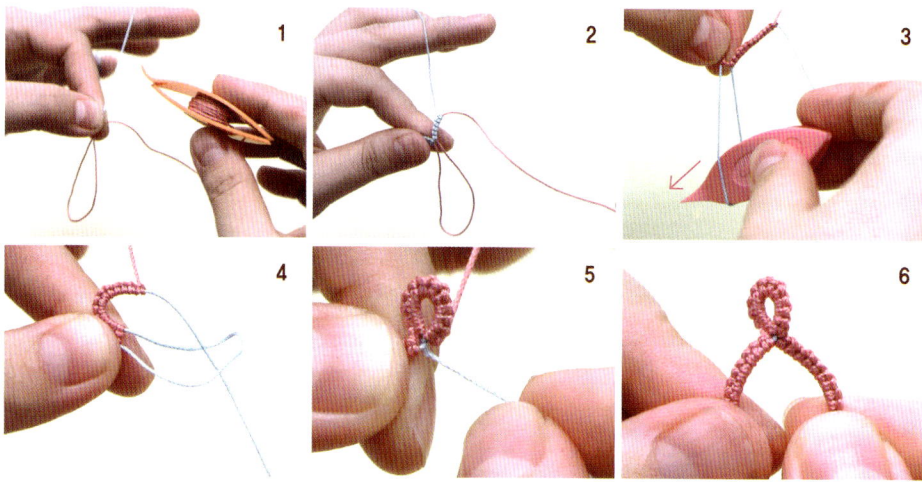

1 체인 방식으로 셔틀 실을 10㎝ 정도 여유 있게
   빼 놓고 잡는다.
2 필요한 만큼 더블 스티치한다.
3 고리 사이로 셔틀을 통과시킨다.
4 링의 모양을 잡아 주면서 셔틀의 실을 당긴다.
5 실을 빈틈없이 바짝 당겨 조인다.
6 완성된 목 링.

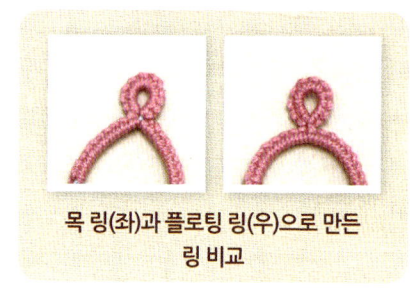

목 링(좌)과 플로팅 링(우)으로 만든
링 비교

셀프 클로즈드 목 링(Self Closed Mock Ring) 기법

링 2개를 연달아 만드는 기법. 첫 번째 링의 형태는 링이지만 목 링 기법을
이용한 체인이다. 보통 SCMR로 표기한다.

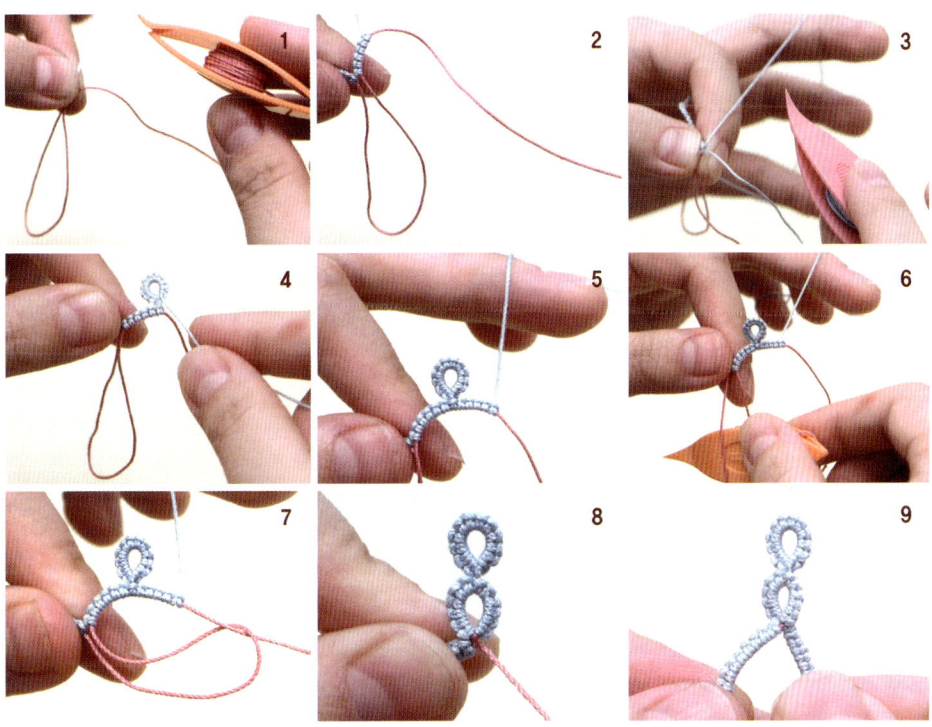

1 체인 방식으로 셔틀 실을 10㎝ 정도 여유 있게 빼놓고 잡는다.
2 필요한 만큼 체인 형태로 더블 스티치한다.
3 셔틀을 바꾼 후 링 형태로 더블 스티치한다.
4 다시 체인을 만들 때 링 모양에 바짝 붙여 만든다.
5 필요한 만큼 더블 스티치(체인)한다.
6 남겨 둔 실 사이로 셔틀을 통과시킨다.
7 링의 모양을 잡아 주면서 실을 당긴다.
8 실을 빈틈없이 바짝 당겨 조인다.
9 완성된 셀프 클로즈 목 링.

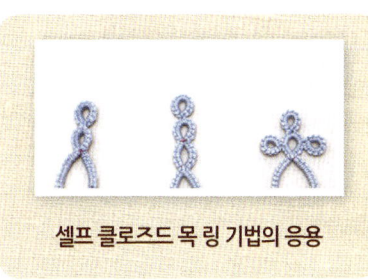

셀프 클로즈드 목 링 기법의 응용

스플릿 기법

2가지 색상으로 링(체인)을 만들 때, 링의 방향을 바꿀 때, 실을 끊지 않고 다음 라운드로 이동할 때 사용하는 기법이다.

스플릿 링(Split Ring)

스플릿 링은 각각의 방향으로 더블 스티치를 하여 링의 반대 방향에서 링이 닫히게 하는 기법이다.

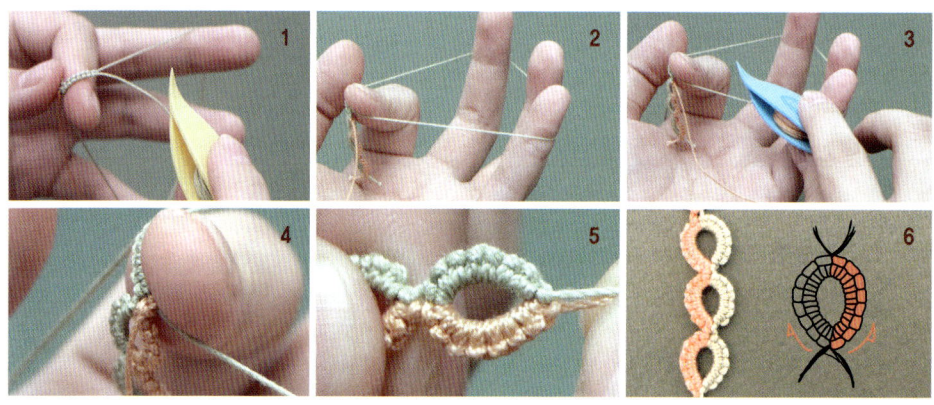

1 녹색 실을 필요한 만큼 더블 스티치(링)한다.

2 손을 살짝 틀어 손가락이 위쪽을 향하게 한다.

3 두 번째 하프 스티치부터 한다. 실바꿈이 되지 않게 한다.

4 더블 스티치 1번이 끝나면 사진과 같은 모양이 된다.

5 필요한 만큼 더블 스티치하고 링을 닫는다.

6 완성된 스플릿 링.

목 피코(Mock Picot)

한 라운드가 끝나고 실을 자르지 않고 다음 라운드로 바로 올라갈 때 사용하는 기법이다. 피코와 모양이 유사하다.

락 스티치(Lock Stitch)를 이용한 체인 만들기

목 피코에 쓰인 기법을 반복하면 색이 번갈아 나타나는 체인이 된다.

1 첫 번째 하프 스티치를 한다.

2 실바꿈이 되지 않게 두 번째 하프 스티치를 한다.

스플릿 체인(Split Chain)

다른 두 방향에서 체인을 만들어서 체인 중간 부분에서 만나게 할 때 사용하는 기법이다.

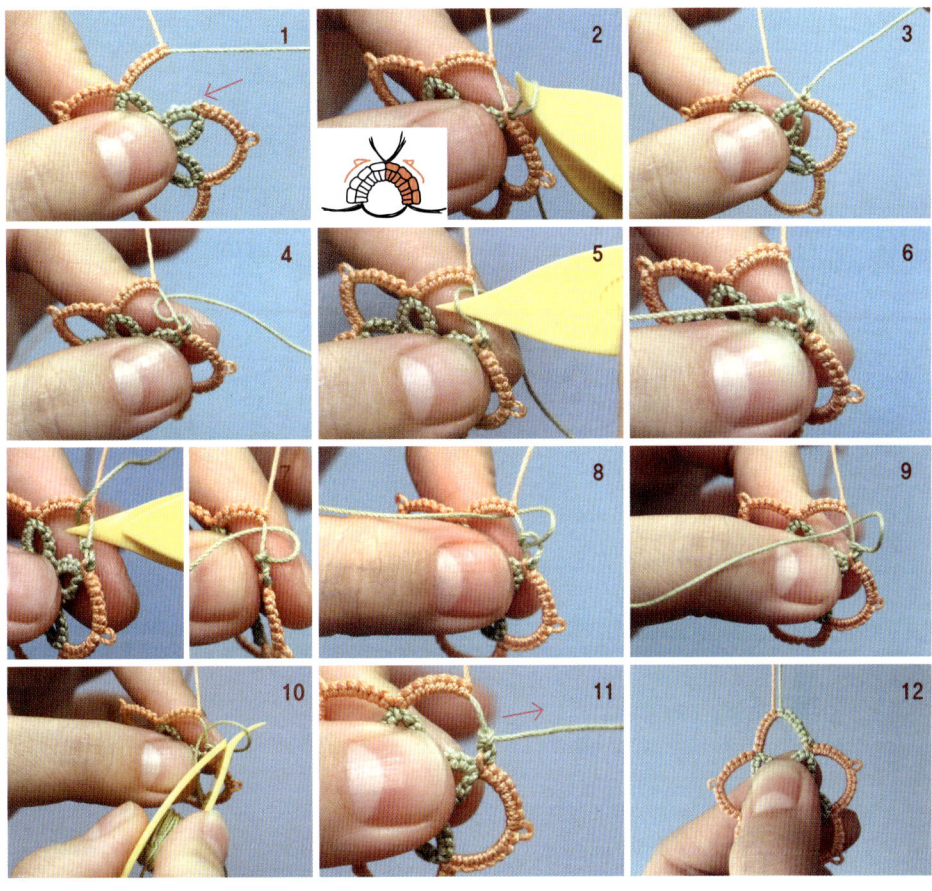

1, 2, 3   필요한 더블 스티치 수만큼 체인 간격을 두고 락 조인한다.

4   첫 번째 하프 스티치(체인 뒤로 고리를 만든다)를 한다.

5   고리로 셔틀을 통과시킨다.

6   실을 살짝만 당겨 모양을 잡는다.

7   두 번째 하프 스티치(왼쪽에 둔 실을 셔틀로 당긴다)를 한다.

8   첫 번째 하프 스티치의 매듭도 뒤쪽으로 넘긴다.

9   실을 바짝 당겨 모양을 잡는다.

10   만들어 둔 고리로 셔틀을 통과시킨다.

11   더블 스티치를 바짝 당긴다. 1개의 더블 스티치가 끝난 모양.

12   스플릿 체인이 완성된다.

비즈 태팅

태팅 레이스는 자체만으로 아름답지만, 비즈를 활용하면 보다 화려하고
아름답게 만들 수 있다. 비즈를 활용하는 방법은 피코와 피코 사이에 조인
할 때, 비즈를 끼우고 시작할 때, 링 안에 비즈를 끼워서 만드는 3가지가 있다.

조인하면서 피코에 비즈 끼우기
피코를 조인할 때 코바늘을 이용하여 피코에 비즈를 끼우고 조인한다.

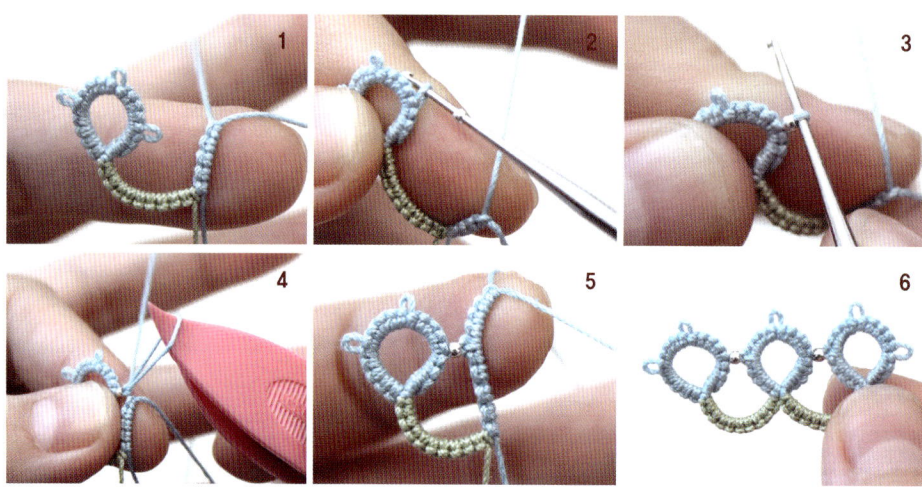

1 피코에 비즈를 끼워 조인할 준비를 한다.
2 코바늘에 비즈를 끼우고 피코에 넣는다.
3 비즈를 밀어서 피코 쪽으로 이동시킨다.

4 조인한다.
5 비즈를 넣고 조인한 모습.
6 완성된 피코에 비즈 끼우기.

비즈를 끼워 피코 만들기

실에 필요한 만큼 비즈를 미리 끼우고, 피코를 만들 때 비즈를 끼워서 피코를 만든다.

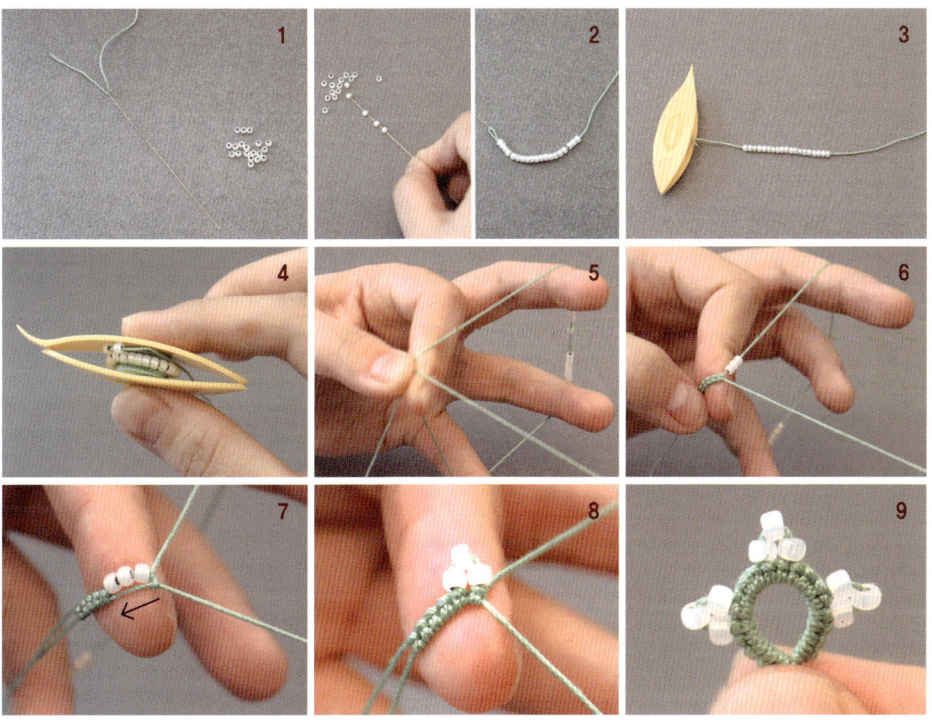

1. 비즈 끼우기용 바늘과 비즈를 준비한다.
2. 필요한 비즈를 모두 실에 끼운다.
3. 바늘을 분리한 후 셔틀에 실을 연결한다.
4. 셔틀에 실을 감는다.
5. 비즈를 필요한 개수만큼 가져와 링 만들기를 준비한다.
6. 필요한 만큼 더블 스티치(링)한 후 비즈를 당긴다.
7. 비즈가 끝나는 부분에 더블 스티치한다.
8. 더블 스티치를 밀어주면 피코 부분에 비즈가 끼워진다.
9. 완성된 비즈를 끼워 피코 만들기.

링 안에 큰 비즈 넣기

진주나 큰 비즈를 끼워서 작품을 만들 때 사용하는 방법으로 더블 스티치의
안쪽 실을 당겨 와서 비즈를 끼워 주는 기법이다.

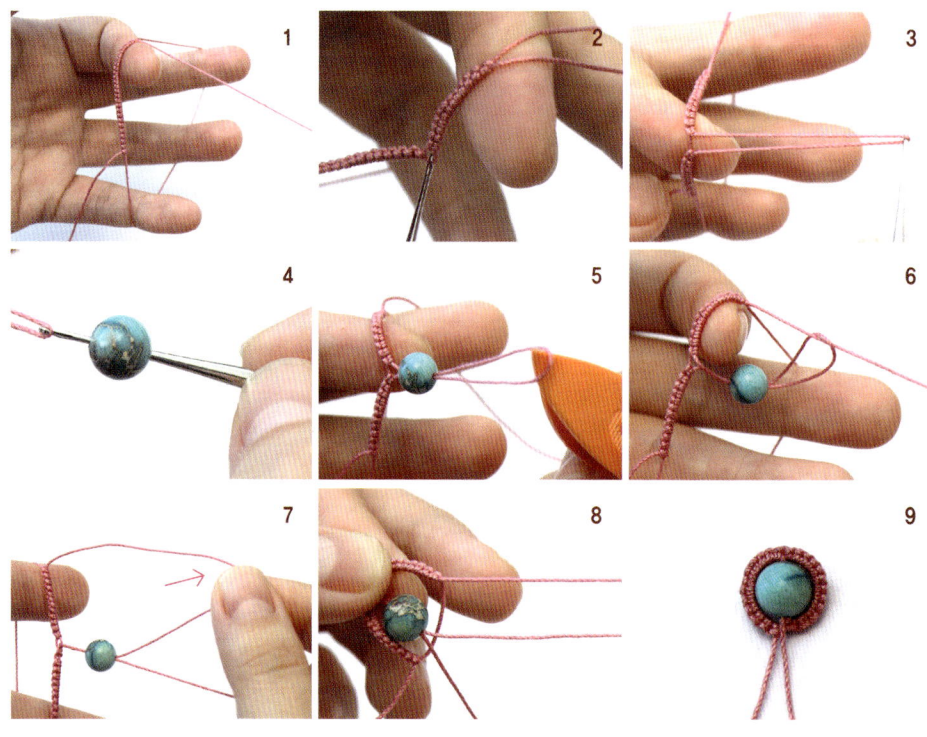

1	원석을 감쌀 수 있는 길이만큼 더블 스티치한다.
2	링의 중간 부분에 코바늘을 넣어 더블 스티치 안에 있는 실을 빼낸다.
3	안쪽의 실을 길게 빼낸다.
4	코바늘 끝에 원석을 끼운 후 실 끝에 걸어 원석을 실쪽으로 옮겨 넣는다.
5, 6	남은 실의 구멍으로 셔틀을 통과시킨다.
7	화살표 방향으로 실을 잡아당겨 링을 닫는다.
8	링이 점점 작아지면 셔틀을 잡아당겨 마무리한다.
9	완성된 링 안에 큰 비즈 넣기.

블로킹

작품을 만들면 모양이 반듯하지 않고, 작품이 더러워질 때가 많다.
작품을 세탁한 후 코르크판에 시침핀을 이용하여 최대한 각을 맞춰 모양을
잡아 주는 것을 블로킹이라고 한다.

블로킹할 때 주의할 점

- 일정한 간격을 맞추기 위해 배경지를 사용한다.
  배경지는 아래의 사이트에서 출력할 수 있다.
  incompetech.com/graphpaper
- 블로킹 중 작품에 물을 적당히 뿌리며 모양을 잡는다.
  젖은 상태가 되어야 모양을 잡기 쉽다.

실 염색하기

실을 직접 염색해서 작품을 만들면 세상에 단 하나밖에 없는 나만의 작품을 만들 수 있다. 외국의 유명 작가들은 작품을 구상하여 그것을 표현할 수 있는 실을 직접 염색하여 작품을 만들기도 한다.

우리나라는 전통공예를 할 때 예로부터 염색을 활용하여 왔다. 전통공예의 염색 방식을 태팅에 응용하면 보다 다양한 작품을 만들 수 있다.

준비물!
실, 스테인리스, 소금,
염색 파우더, 카드링, 장갑

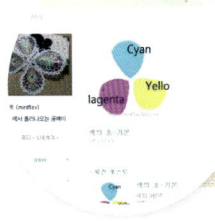

전통 공예의 염색 방식을 태팅에 접목한 블로그!
다양한 태팅 염색에 대하여 알고 싶다면 현다희 님의 블로그를 방문해 보자. 오랜 기간 쌓아 온 전통공예 염색의 내공을 태팅에 접목했다.
mintflav.blog.me

1 자를 이용해서 실을 감는다.

2 여유 분을 남기고 실을 자른 후 그 끝을 시작 부분에 남아 있던 실과 느슨하게 묶는다.

3 실이 엉키는 것을 막기 위해 카드링을 끼운 후, 실을 물에 담가서 깨끗하게 한다.

4 따뜻한 물에 소금을 넣는다(소금은 색상 고착 효과가 있다).

5 4에 염색 파우더를 넣고 잘 녹인다.

6 5에 실을 담그고 적당한 색상이 나올 때까지 주물러 준다.

7 염색 물이 빠져나오지 않을 때까지 깨끗한 물에 씻는다.

8 염색된 실.

9 실이 마르면 실패에 감는다.

도안

초보들은 도안에서 제시한 대로 연습하고
태팅 기법에 익숙해지면 다른 기법을
같은 도안에 활용할 수 있다.
약간의 변형을 주는 것만으로도
색다른 태팅 작품을 만들 수 있다.

*기본 기법 〈도안 보는 법〉 p.150 참고

모란 무늬 장식 매트

기법 기본 기법, 락 조인, 플로팅 링
재료 셔틀 2개, 리즈베스 10수 601
완성 치수 지름 13.5㎝

How to make

1라운드는 시작점에서 링을 만들고 셔틀을 바꿔 반대 방향에서 링을 만든 후, 다시 셔틀을 바꿔 체인을 만든다. 2~8라운드는 체인을 만들면서 락 조인한다. 4, 7라운드의 링은 플로팅 링으로 만든다.

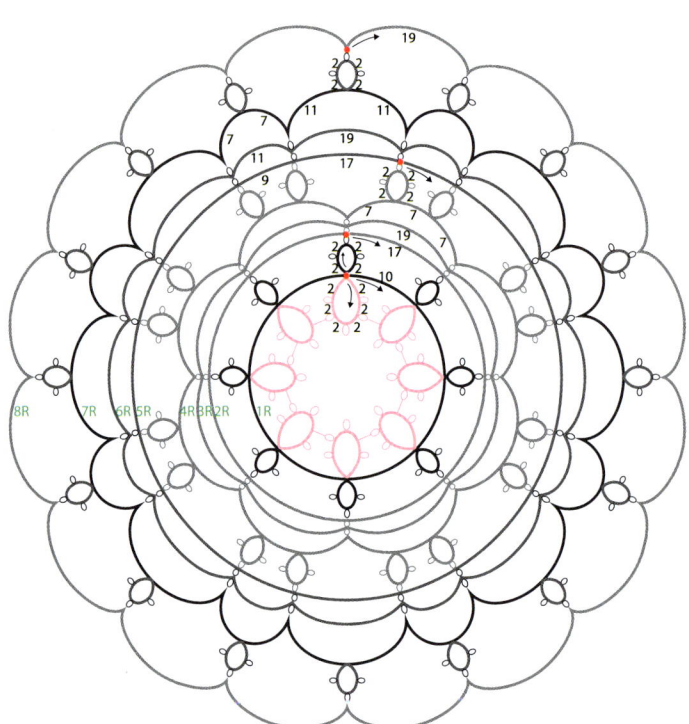

클로버 테이블보

기법 기본 기법, 실 감추기, 플로팅 링
재료 셔틀 2개, 올림푸스 비주 L484, 리넨 천
완성 치수 가로 5.5㎝/1개

How to make

클로버 모양을 만든 뒤 체인을 만들다 중간에 셔틀을 바꿔 잡고, 중심 링을 만든 후
셔틀을 바꿔 체인을 완성한다.

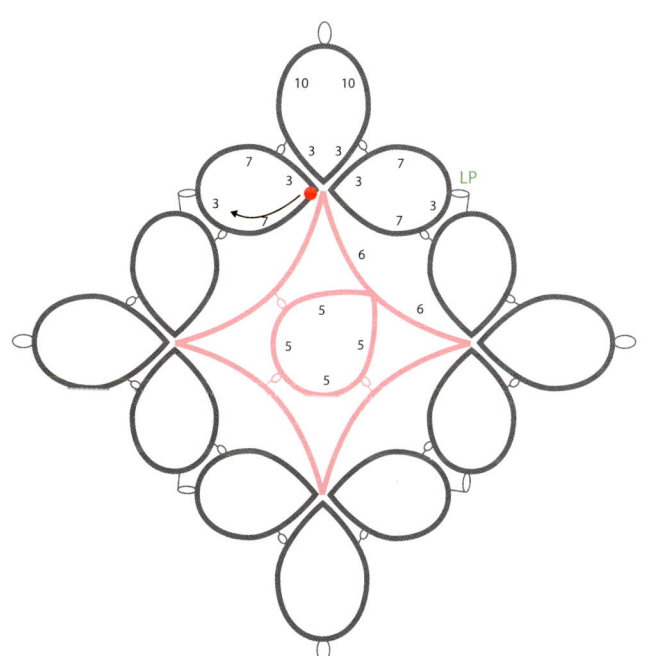

★ 리넨 천 테두리에 시침핀으로 고정시킨 후
　작품과 같은 색이나 투명 실로 바느질한다.

완성작품 P.24

사각 다이아몬드 쿠션

기법 기본 기법, 실 감추기, 락 조인, 플로팅 링
재료 셔틀 2개, 리즈베스 20수 692, 136, 673, 694, 691
완성 치수 가로 50㎝

How to make

사각 모양 1라운드는 클로버 테이블보 만드는 방법과 동일하다. 2라운드는 체인을 1라운드 클로버 사이의 긴 피코에 조인된 실을 통째로 끌어올려 조인한다. 4라운드의 꽃잎 부분은 마지막 링을 만든 뒤 셔틀을 바꾸지 않고 그대로 체인을 만든 뒤 리버스 워크한 후 락 조인한다.

다이아몬드 모양 1라운드는 사각 모양과 같지만 2라운드는 더블 스티치 개수가 다르다. 3라운드에서 3개짜리 링 부분은 사각 모양의 꽃잎 부분과 마찬가지로 락 조인 후 셔틀을 바꿔 체인 방향을 바꾼다.

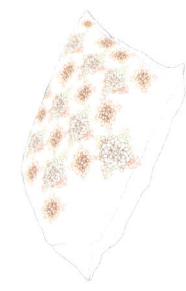

★ 쿠션에 위치를 잡고
시침핀으로 고정시킨 후
작품과 같은 색이나 투명 실로
바느질한다.

사각 모양

다이아몬드 모양

장미 정원 화분 받침

기법 기본 기법, 실 감추기, 셀프 클로즈드 목 링
재료 셔틀 2개, 염색사
완성 치수 가로 28.5cm×세로 12cm

How to make

장미 모양 가운데 링을 만들고 리버스 워크로 뒤집어서 체인을 이전 체인에 락 조인 하며 만든다. 조인 위치에 주의하면서 꽃 모양을 잡는다.

장미 봉오리 1라운드는 링을 만들고 그대로 체인을 만든다. 링의 피코에 조인한 후 다시 체인을 만들어 링의 시작 부분에 락 조인한다(양파링). 체인을 만들고 셔틀을 바꾼다. 이 과정을 3번 반복하여 완성한다.
2라운드는 링을 만든 후 1라운드에 락 조인한 뒤 체인을 만든다. 두 번째 체인을 만들고 락 조인한 뒤, 리버스 워크로 뒤집은 다음 셔틀을 바꾼다. 체인을 만든 뒤 다시 리버스 워크와 셔틀 바꾸기를 하고 락 조인한 뒤 체인을 2개 더 만든다. 2라운드 과정을 세 번 더 반복한다. 이때 양옆에 장미를 조인해 연결한다.

나비 모양 머리 부분에서 시작한다. 가슴은 셀프 클로즈드 목 링으로 더블 스티치를 만들고, 셔틀을 바꿔 배 부분을 만든다. 배가 완성되면 다시 셔틀을 바꿔 쥐고 더블 스티치하고 링을 닫는다. 큰 날개 부분을 만들고, 작은 날개는 뒤집어 진행 셔틀을 바꿔서 만든다.

도일리 장미 3개와 봉오리 2개, 나비 2개를 차례차례 조인하면서 잇는다.

★ 양파링 기법
링과 체인을 이용하여 만드는 기법. 완성된 모습이 양파를 쪼갠 모습과 같아 양파링 기법이라고 한다.

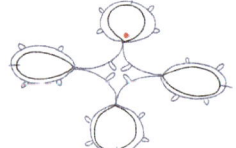 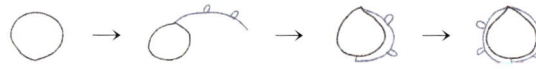

1. 가운데 피코를 작게 만들고 링을 만든다. 2. 뒤집어서 체인을 만들어 링의 피코에 락 조인한다. 3. 체인을 마저 만들어서 링을 시작했던 곳에 락 조인한다.

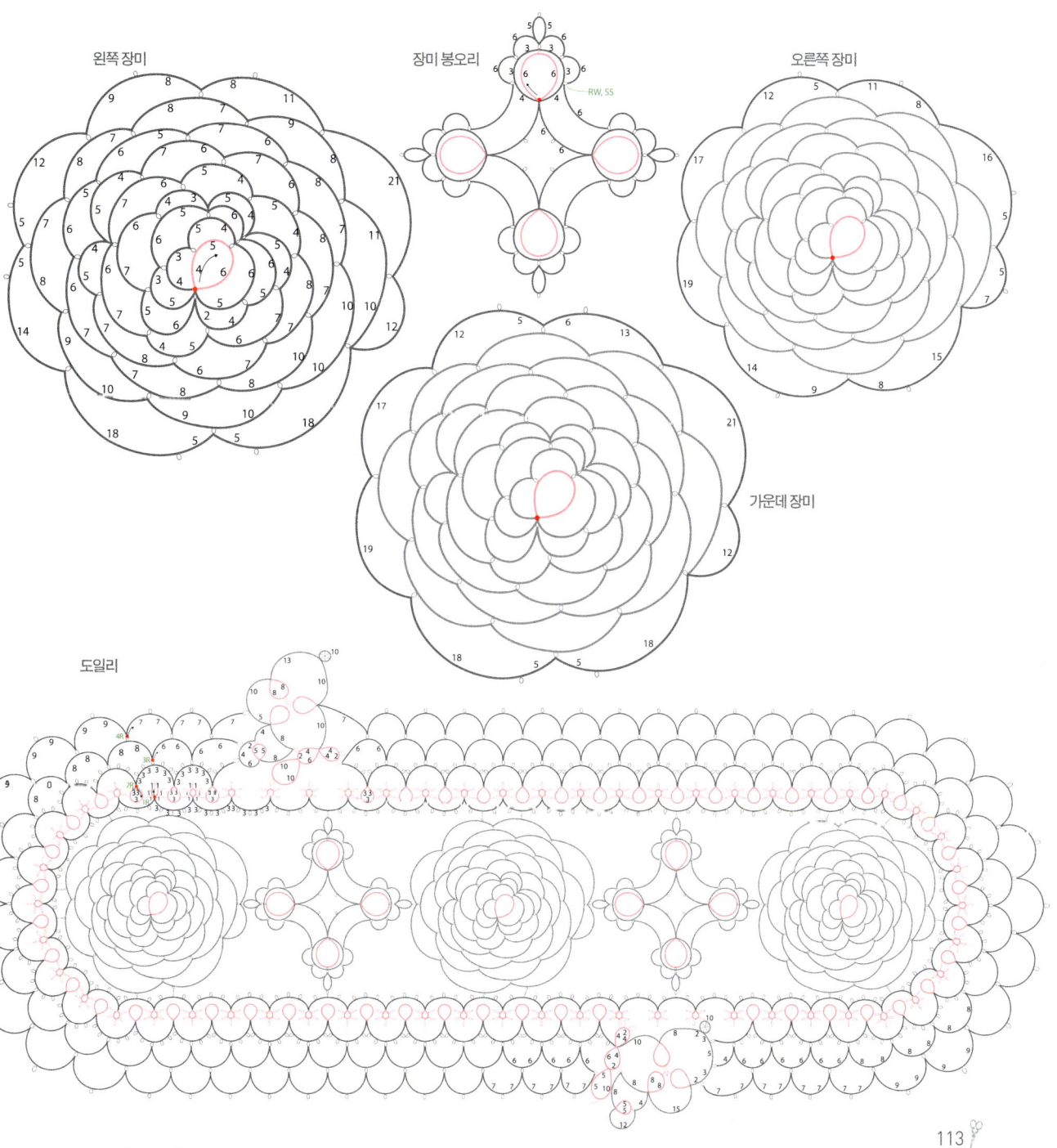

왼쪽 장미

장미 봉오리

RW, SS

오른쪽 장미

가운데 장미

도일리

완성작품
P.30

미니 꽃 장식 티코지

기법 기본 기법, 실 감추기
재료 셔틀 2개, 염색사
완성 치수 가로 2㎝×세로 26㎝

How to make

시작 지점에서 클로버를 만든 후 리버스 워크하여 체인을 만든다. 뒤집지 않은 상태에서 셔틀을 바꿔서 다시 클로버를 만든다. 뒤집어서 체인을 만들다가 세 번째 피코를 처음 클로버의 피코에 조인한다.

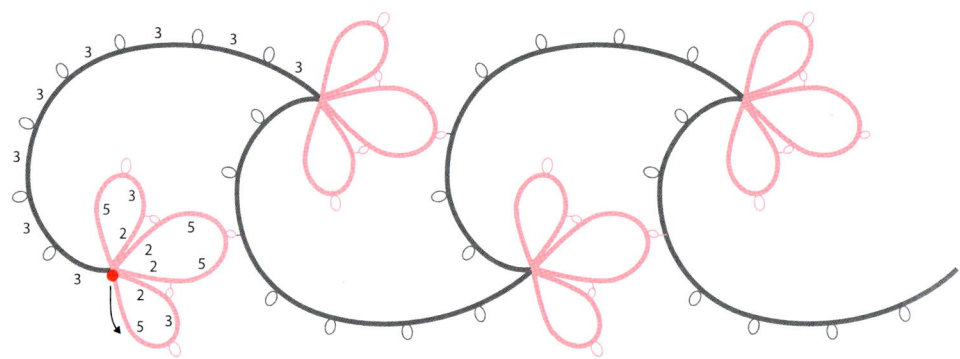

★ 클로버 만들기
링을 연속으로 3개 만들어
클로버 잎 모양처럼 잡는데,
가운데 링을 제일 크게, 양쪽
링을 작게 만든다.

★ 티코치 하단에 시침핀으로 엣징을 고정시키고
투명 실이나 엣징과 같은 색의 실로 바느질한다.

메리골드 피크닉 바구니 & 유리컵 매트

기법 기본 기법, 실 감추기
실 셔틀 1개, 리즈베스 40수 601
완성 치수 지름 4~5cm

How to make

1라운드는 중심의 링과 체인으로 만든다. 2라운드부터는 체인을 만들면서 이전 라운드 체인의 피코에 락 조인한다.

★ 꽃 모티브 바구니 도안은
유리 컵 매트 도안을
2라운드까지만 작업한다.

★ 작품이 완성되면 본드로
바구니에 붙인다.

국화 & 은행잎 커튼 타이백

국화

기법 기본 기법, 실 감추기, 스플릿 링, 목 피코

재료 셔틀 2개, 리즈베스 40수 616, 697

완성 치수 지름 5.5㎝

How to make

CTM 기법으로 가운데 링을 만들고 마지막 피코 자리에서 목 피코를 만든다. 그 후에 스플릿 링을 만들고 계속하여 2라운드의 링과 체인을 만든다. 3라운드는 체인으로 잎을 만들고, 4라운드는 3라운드와 동일한 체인을 만들면서 2라운드에 비어 있는 피코들을 조인하며 잎을 이중으로 만든다.

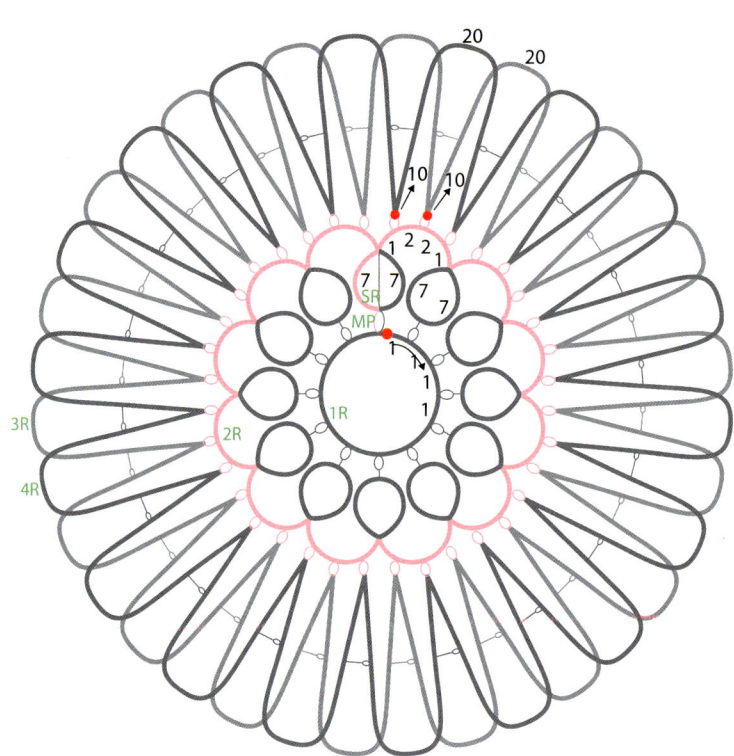

은행잎

기법 기본 기법, 실 감추기, 스플릿 링, 목 피코, 락 조인, CTM 기법
재료 셔틀 2개, 리즈베스 20수 616
완성 치수 잎(가로) 5㎝

How to make

CTM 기법으로 줄기 부분의 가장 아래쪽 링을 만든 후 스플릿 링을 반복한다. 마지막 스플릿 링은 양쪽 더블 스티치의 개수가 다르므로 주의한다. 줄기의 마지막 스플릿 링을 만든 후 리버스 워크로 뒤집어서 체인을 만든다 (오른쪽에서 왼쪽 방향으로 피코에 락 조인하며 체인을 만든 뒤 다시 리버스 워크한 후 더블 스티치를 1개 만든 다음 작은 피코를 1개 만든 후에 체인을 만든다.) 매 라운드마다 더블 스티치 개수를 주의하며, 위의 괄호 부분을 반복한다.
체인을 7번 더블 스티치한 라운드에서 중심 부분 피코에 조인한 후 반쪽 잎을 먼저 만들고 다시 중심 피코로 내려와 나머지 반쪽을 만든다.

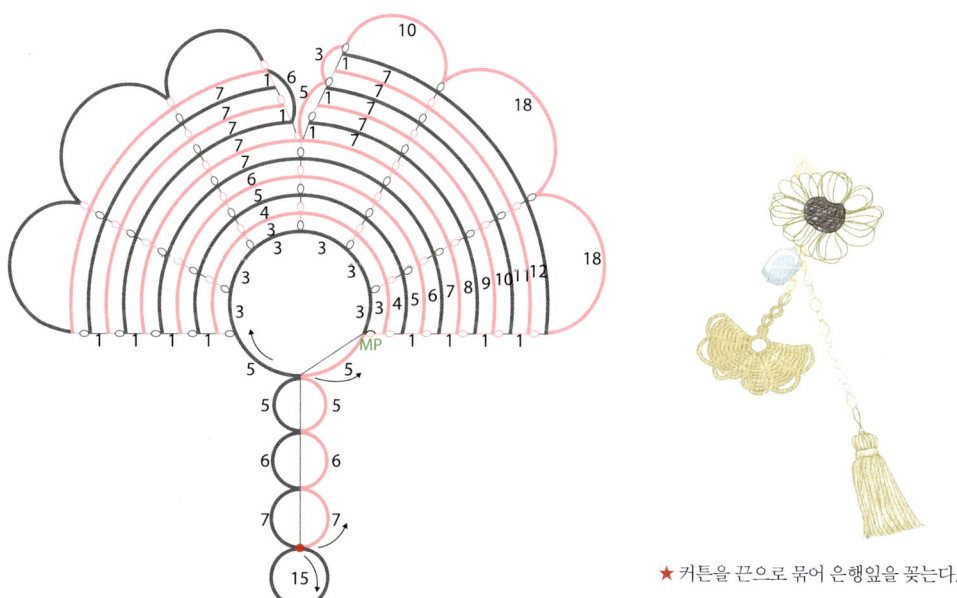

★ 커튼을 끈으로 묶어 은행잎을 꽂는다.

117

새싹 무늬 레이스 매트

기법 기본 기법, 실 감추기, 락 조인, 플로팅 링, 셀프 클로즈드 목 링,
조세핀 링

재료 셔틀 2개 리즈베스 40수 615, 619, 683

완성 치수 지름 17cm

How to make

1라운드와 6라운드는 셀프 클로즈드 목 링 기법을 사용하므로 반드시 셔틀 2개로 만든다. 1라운드는 셀프 클로즈드 목 링으로 시작하므로 2개의 셔틀을 이어서 시작하는 CTM 기법을 이용하면 조금 쉽게 작업할 수 있다. 2라운드는 링-체인-락 조인-체인을 반복해서 만든다

드롭 비즈 테이블 전등

기법 기본 기법, 실 감추기, 비즈 태팅
실 셔틀 1개 , 리즈베스 10수 601 , 드롭 비즈
완성 치수 가로 55㎝×세로 3㎝

How to make 드롭 비즈를 실에 미리 끼우고, 링과 체인을 반복하여 만드는데 체인 중간의 피코를
만들 때 드롭 비즈를 끼운다.

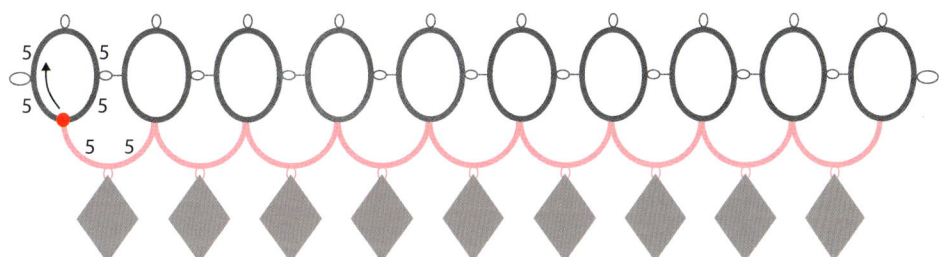

★ 엣징을 전등 갓에 본드로 붙인다.

크리스마스 오너먼트

크리스마스 오너먼트 1
기법 기본 기법, 실 감추기, 락 조인
재료 셔틀 1개, 올림푸스 40수 801, 크리스마스 오너먼트
완성 치수 지름 5㎝

크리스마스 오너먼트 2
기법 기본 기법, 실 감추기
실 셔틀 1개, 올림푸스 40수 801, 크리스마스 오너먼트
완성 치수 가로 4㎝×세로 3.5㎝

How to make

오너먼트 1 링과 체인으로 1라운드를 만든다. 2라운드는 체인으로 1라운드 체인의 피코에 락 조인한다. 만드는 사람의 손과 오너먼트 태팅 완성 사이즈에 따라 더블 스티치 간격 조절이 필요하다.

오너먼트 2 링 3개로 클로버 모양을 만든 후 조인하며 3번 더 반복한다. 만드는 사람의 손과 오너먼트 태팅 완성 사이즈에 따라 더블 스티치 개수 조절이 필요하다.

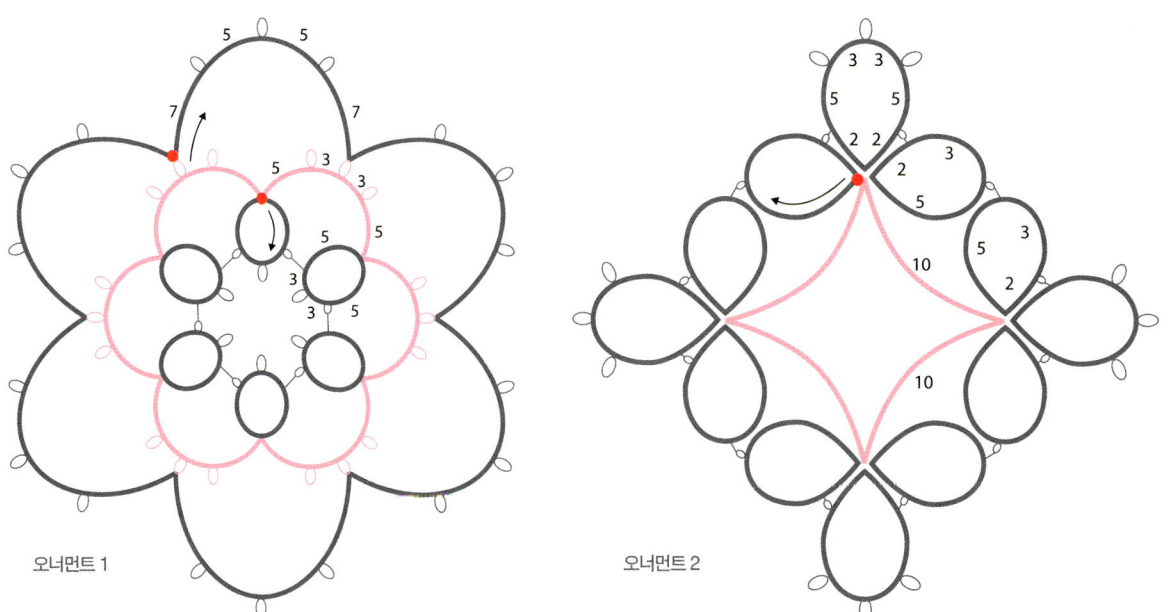

오너먼트 1

오너먼트 2

크리스마스 오너먼트 3

기법 기본 기법, 실 감추기, 비즈 태팅

재료 셔틀 1개, 올림푸스 40수 801, 금색 시드 비즈, 크리스마스 오너먼트 **완성 치수** 가로 2㎝×세로 20㎝

크리스마스 오너먼트 4

기법 기본 기법, 실 감추기, 플로팅 링

실 셔틀 2개, 올림푸스 40수 801, 크리스마스 오너먼트 **완성 치수** 지름 5~10㎝

크리스마스 오너먼트 5

기법 기본 기법, 실 감추기, 플로팅 링

실 셔틀 2개, 올림푸스 40수 192, 금색 시드 비즈, 크리스마스 오너먼트 **완성 치수** 가로 5㎝×세로 10㎝

How to make

오너먼트 3 링과 체인을 반복해 조인하며 작품을 만든다. 조인 전에 피코에 비즈를 끼우면서 조인한다. 만드는 사람의 손과 오너먼트 태팅 완성 사이즈에 따라 더블 스티지의 개수 소셜이 필요하다.

오너먼트 4 1라운드는 링의 피코를 아주 길게 2개 만든다. 2라운드는 셔틀 2개로 클로버를 만들면서 1라운드의 긴 피코에 조인한다. 체인 중간에서 플로팅 링으로 링을 만들면서 먼저 만들었던 링의 긴 피코로 조인하며 링을 만든다. 만드는 사람의 손과 오너먼트 태팅 완성 사이즈에 따라 더블 스티지의 개수 조절이 필요하다.

오너먼트 5 1라운드 링은 원형이 되게 하고, 체인 중간에서 셔틀을 바꿔 잡아 플로팅 링을 만든다. 2라운드는 1라운드와 같은 방식으로 아랫 부분을 만든다. 플로팅 링을 만들 때는 1라운드 링의 피코에 조인한다. 만드는 사람의 손과 오너먼트 태팅 완성 사이즈에 따라 더블 스티지의 개수 조절이 필요하다.

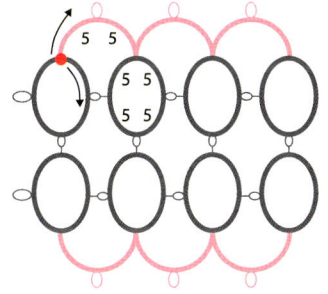

오너먼트 3

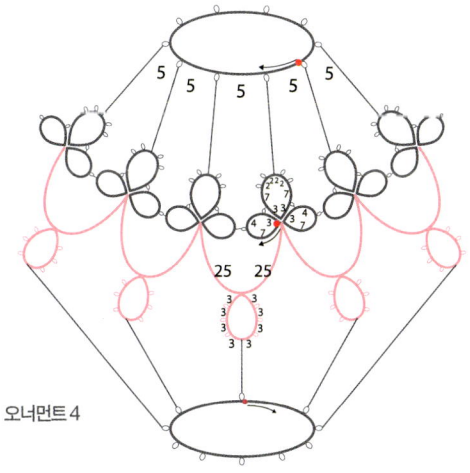

오너먼트 4

오너먼트 5

★ 오너먼트에 본드를 바르고 작품을 붙인다.

완성작품
P.40

크리스마스 초

기법 기본 기법, 실 감추기, 스플릿 링, 비즈 태팅
재료 셔틀 2개, 올림푸스 40수 801, 금색 시드 비즈 약간
완성 치수 초1 가로 10cm×세로 1cm, 초2 가로 15cm×세로 1cm

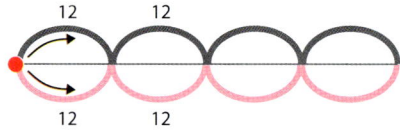
How to make

초1 스플릿 링을 반복해서 만든다. 각 피코를 조인하기 전에 시드 비즈를 끼우고 조인한다.
초2. 작품을 만들기 전에 미리 셔틀 실에 비즈를 끼우고 시작한다. 위에서 아래 방향 으로 만든다.

초 1

★ 작품이 완성되면 초에 씌운다.

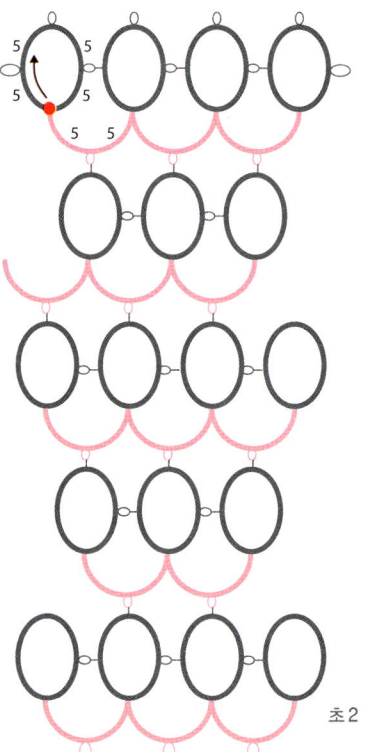
초 2

크리스마스 별

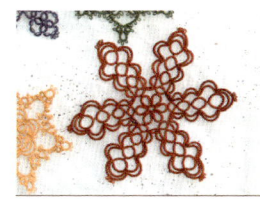

빨강 별 루피너스
기법 기본 기법, 실 감추기
재료 셔틀 1개, 리즈베스 20수 670
완성 치수 지름 12.5㎝

How to make

빨강 별 루피너스 1라운드는 6개의 링으로 이루어진 꽃을 만든다. 2라운드는 가장 작은 링을 꽃에 조인하고 체인을 만들며 진행한다. 3라운드는 2라운드의 조인 위치에 주의하면서 체인을 전체적으로 한 바퀴 두른다

파랑 별 아마릴리스

기법 기본 기법, 실 감추기, 하프 링

실 셔틀 1개, 리즈베스 20수 656

완성 치수 지름 9㎝

How to make
- - - - - - - - - - -

파랑 별 아마릴리스 1라운드는 더블 스티치를 1번 하고, 피코 6개가 되도록 링을 만든 후 더블 스티치를 1개 해서 마무리한다.

2라운드는 클로버를 만들고 링을 1개 더 만든 후 뒤집어서 하프 링을 2개 만든다. 다시 뒤집어서 링을 만드는데, 첫 번째 링은 직전의 것과 조인한다. 뒤집어서 하프 링을 3개 만든 후 다시 뒤집어서 직전의 링과 조인할 링을 만든다. 뒤집어서 하프 링, 피코 있는 하프 링, 하프 링 순서로 만든다. 처음 만들었던 클로버와 조인할 때까지 대칭으로 만들면서 이 과정을 반복한다.

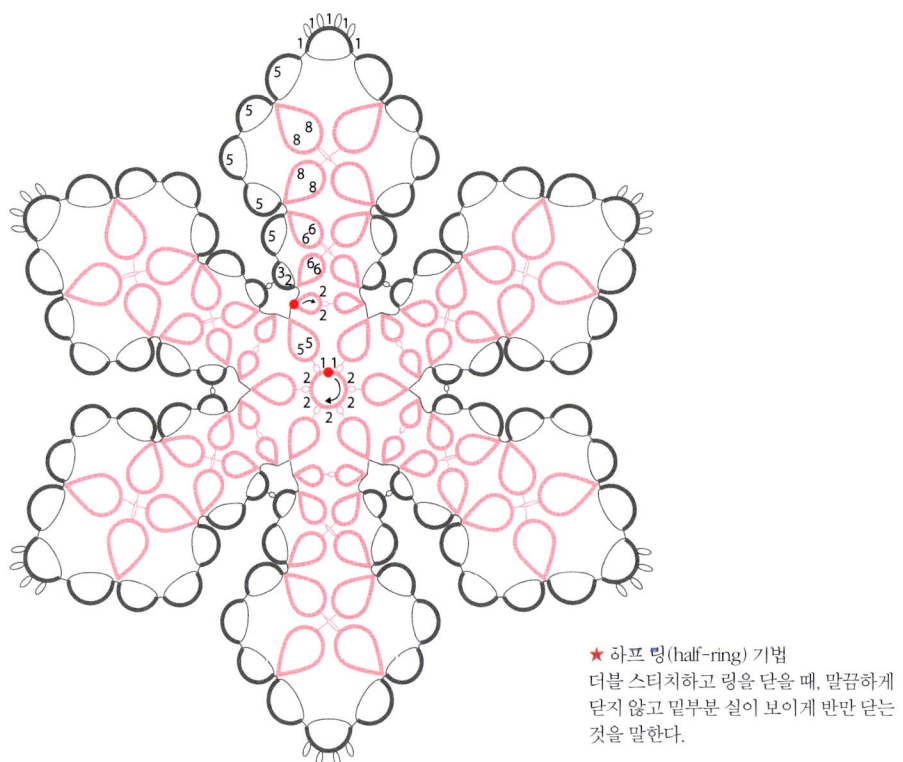

★ **하프 링**(half-ring) 기법
더블 스티치하고 링을 닫을 때, 말끔하게 닫지 않고 밑부분 실이 보이게 반만 닫는 것을 말한다.

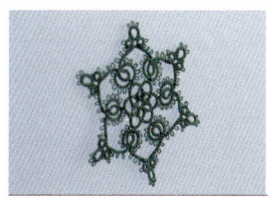

녹색 별 루드베키아

기법 기본 기법, 실 감추기, 플로팅 링
재료 셔틀 2개, 리즈베스 20수 638
완성 치수 지름 8㎝

How to make

녹색 별 루드베키아 1라운드는 첫 번째 링의 피코를 길게 만들어서 다른 링을 한 피코에 조인한다. 2라운드는 링을 만든 후 링 주위로 체인을 만들어서 링의 피코에 락 조인한다. 1라운드는 체인 중간의 피코에 셔틀을 조인한 뒤 나머지 체인을 만든다. 끝부분의 클로버는 셔틀을 바꿔 잡고 만든다.

주황 별 마가렛

기법 기본 기법, 실 감추기, 더블 피코(139p. 참고), 락 조인, 플로팅 링

실 셔틀 2개, 리즈베스 20수 694

완성 치수 지름 6㎝

How to make

주황 별 마가렛 1라운드는 조인 위치에 주의하며 중심 모양을 만든다.
2라운드는 락 조인하며 체인을 만들고, 큰 링은 셔틀을 바꿔 잡고 만든다. 3라운드는 작은 링을 2라운드의 큰 링 피코에 조인한다. 두 번째 작은 링을 만들고 셔틀을 바꿔서 위쪽의 큰 링을 만든다. 아래로 내려오는 긴 체인을 만들 때 피코 1개를 길게 만들고 더블 스티치를 1개 한 뒤, 긴 피코를 끌어다 조인한다.

노랑 별 온시디움

기법 기본 기법, 실 감추기, 락 조인, 조세핀 링, 플로팅 링

재료 셔틀 2개, 리즈베스 20수 611

완성 치수 지름 9㎝

How to make

노랑 별 온시디움 1라운드는 조인 위치에 주의하면서 모양을 만든다. 2라운드 체인은 락 조인하며 만든다.

5라운드는 4라운드 체인의 피코에 조인한 작은 링에서 시작한다. 클로버와 조세핀 링은 셔틀을 바꿔서 만든다.

완성작품
P.42

한글 장식 아기 옷 & 모자

한글

기법 기본 기법, 실 감추기, 조세핀 링, 스플릿 링, 플로팅 링

재료 셔틀 2개, 캔디사 20수

완성 치수 가로 3.5cm~세로 4cm

How to make

ㄱ,ㄴ,ㄷ,ㄹ,ㅁ,ㅅ,ㅇ 링과 체인만으로 한글을 만든다. 조인할 피코 위치에 주의한다.

ㄹ 스플릿 링으로 형태를 잡은 뒤, 맨 끝의 새싹부터 돌아오면서 줄기를 만든다.

ㅂ 겉 부분은 스플릿 링으로 만들고, 중간 부분은 링, 스플릿 링, 링으로 만들어 연결한다. 새싹 부분은 실을 새로 추가해서 만든다.

ㅈ,ㅊ,ㅎ 위쪽을 먼저 만든 후 아랫 부분을 따로 만들어서 연결한다.

ㅋ,ㅌ,ㅍ 바깥 부분 형태를 먼저 만들고, 나머지 부분을 링, 스플릿링, 링으로 만들어 연결한다.

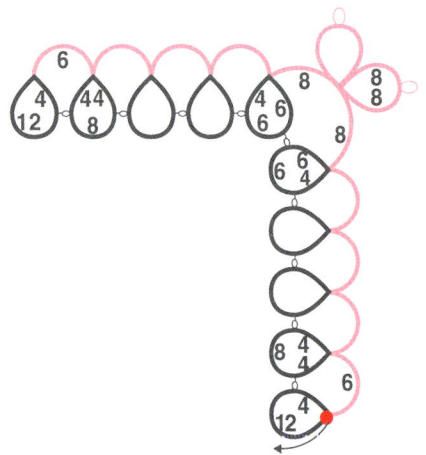

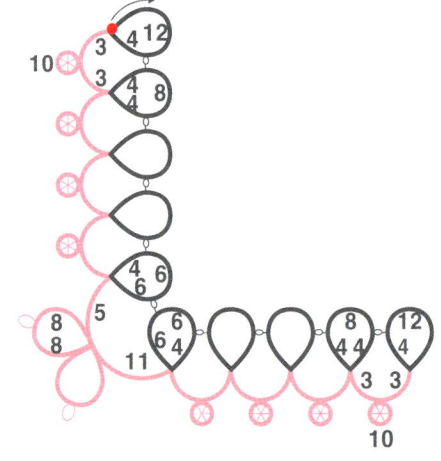

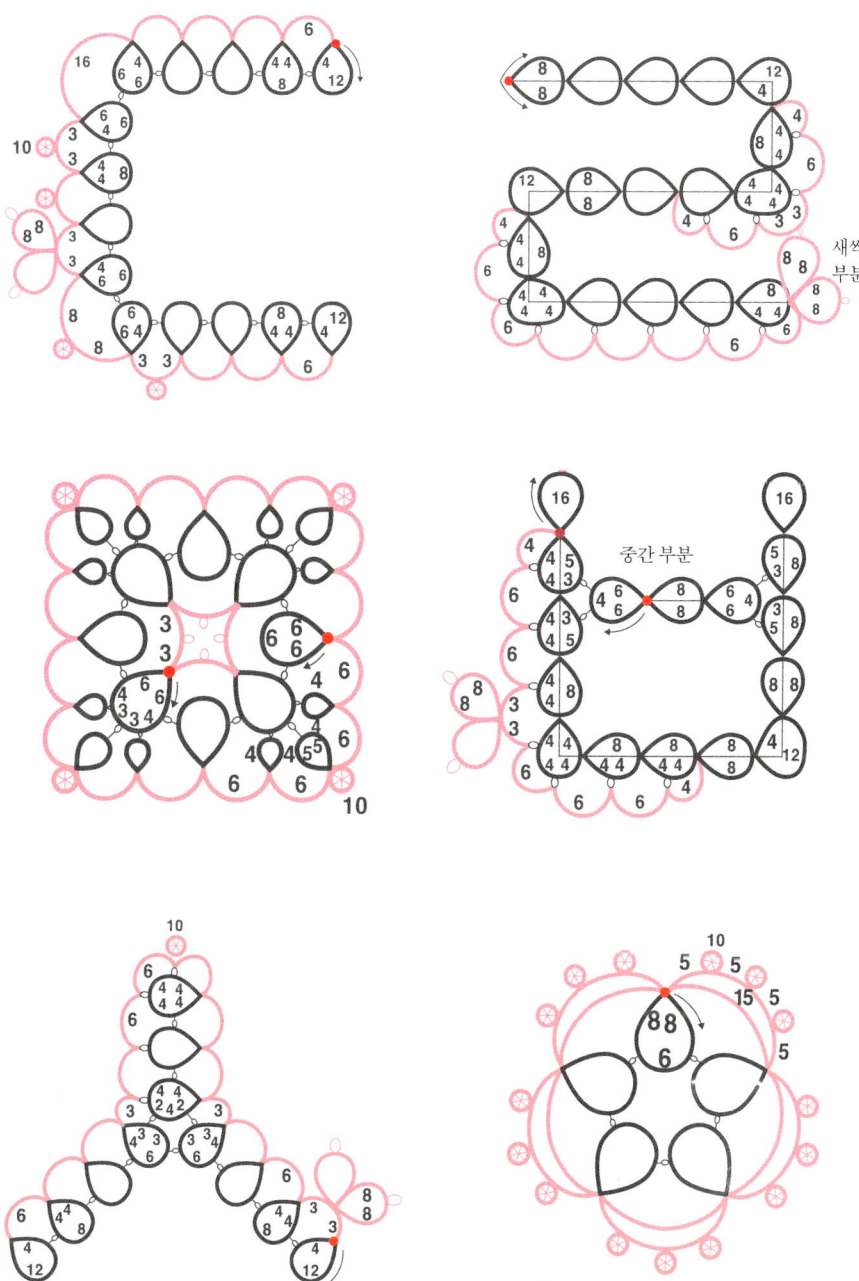

새싹
부분

중간 부분

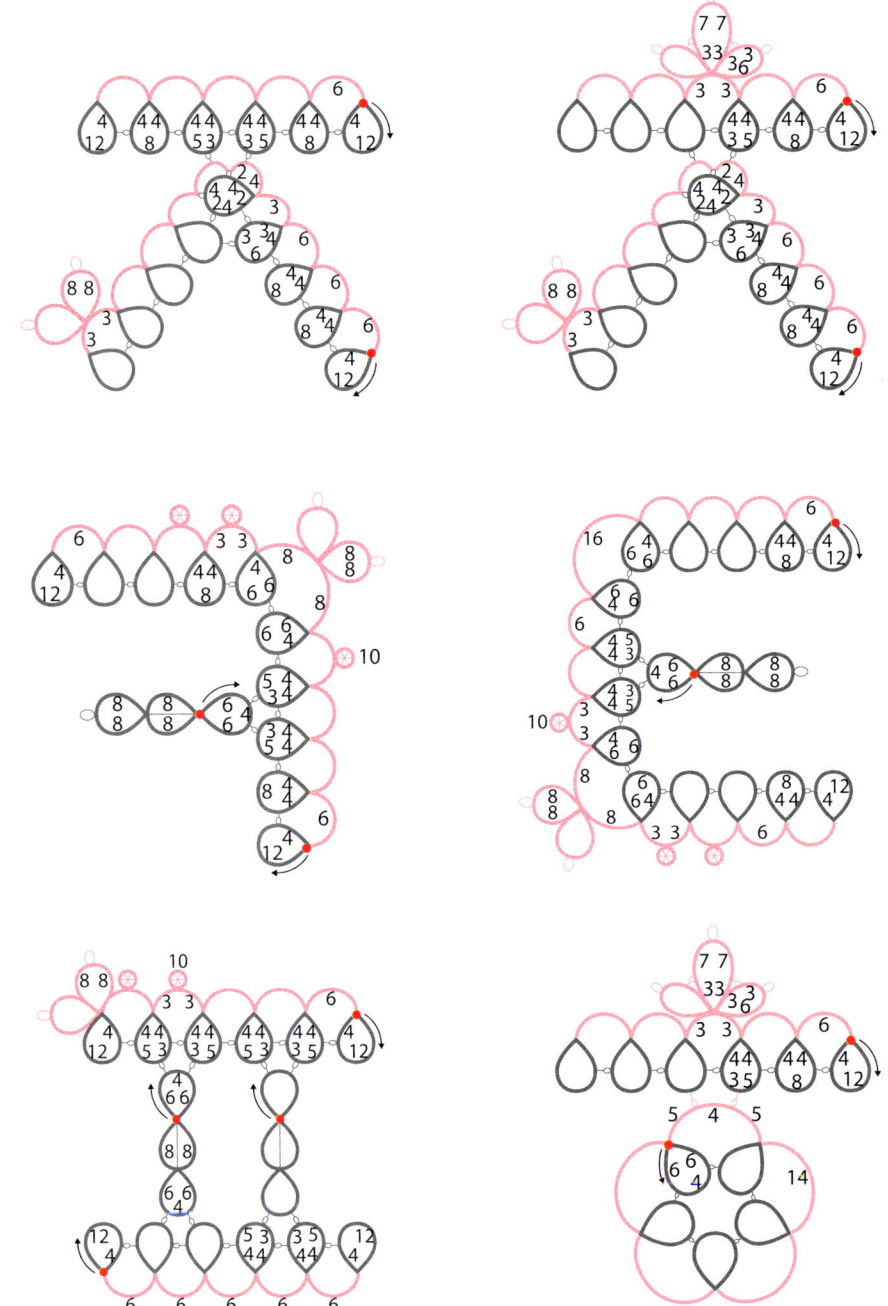

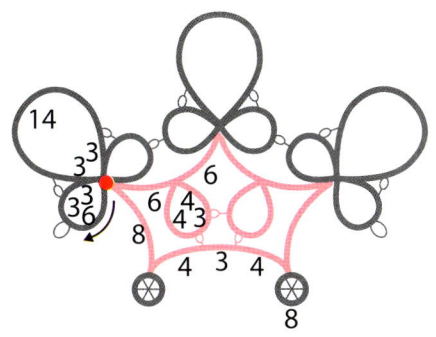

★ 옷에 위치를 잡고 같은 색이나
투명 실로 바느질한다.

모자

기법 기본 기법, 실 감추기, 플로팅 링

재료 셔틀 2개, 캔디사 20수

완성 치수 가로 10×세로 2㎝

How to make

링과 체인을 반복해서 만들다가 세 번째 체인의 중간에서 셔틀을 바꿔 링을 2번 연속 만든 뒤 체인을 완성하고 링과 체인을 반복한다.

★ 모자에 위치를 잡고 같은 색이나
투명 실로 바느질한다.

완성작품
P.44

클로버 장식 레깅스

기법 기본 기법, 실 감추기
재료 셔틀 1개, 리즈베스 10수 168
완성 치수 가로 10cm×세로 2.5cm

How to make

클로버를 만들어 뒤집은 후 체인을 만든다. 다음 클로버를 만들 때, 옆의 클로버 피코에 조인하여 고정시킨다.

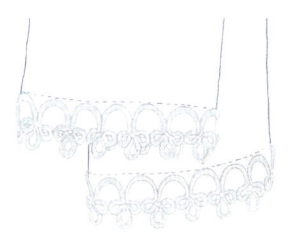

★ 옷에 위치를 잡고 같은 색이나
  투명 실로 바느질한다.

클로버 장식 카디건

기법 기본 기법, 실 감추기
실 셔틀 1개, 리즈베스 10수 601
완성 치수 가로 10㎝×세로 2.5㎝

How to make 클로버 장식 레깅스와 만드는 방법이 같다.

★ 옷에 위치를 잡고 같은 색이나
투명 실로 바느질한다.

나비 장식 트레이닝 팬츠

기법 기본 기법, 실 감추기, 셀프 클로즈드 목 링
재료 셔틀 2개, 염색사
완성 치수 가로 3cm×세로 4cm

How to make

머리 부분에서 시작한다. 가슴은 셀프 클로즈드 목 링으로 더블 스티치를 6번 하고, 셔틀을 바꿔 쥐고 배 부분을 만든다. 배가 완성되면 다시 셔틀을 바꿔 쥐고 더블 스티치 2-4를 만들고 링을 닫는다. 큰 날개 부분을 만들고, 작은 날개는 뒤집고, 셔틀을 바꿔서 만든다.

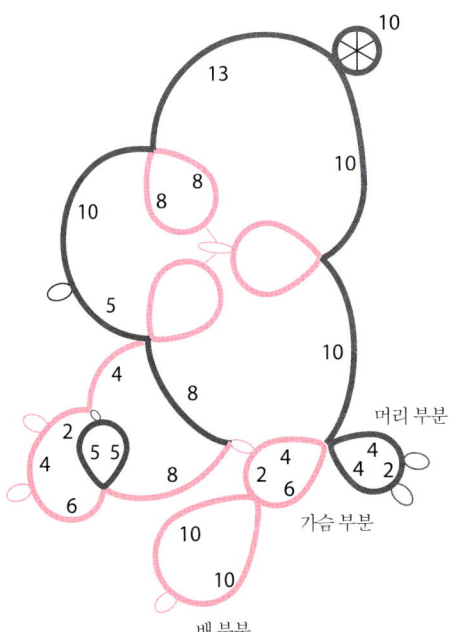

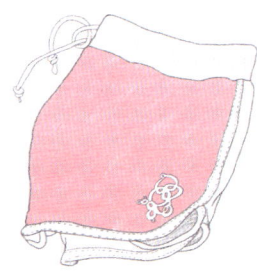

★ 옷에 위치를 잡고 같은 색이나 투명 실로 옷에 바느질한다.

겨울 꽃 장식 머플러

기법 기본 기법, 실 감추기, 플로팅 링
실 셔틀 2개, 리즈베스 20수 601
완성 치수 지름 3cm(세모), 5cm(네모), 5.5cm(동그라미)

How to make

세모 클로버를 만든다. 뒤집어서 체인을 만들고 셔틀을 바꿔 링을 만든 후 다시 셔틀을 바꿔 체인을 만든다.

네모 시작 지점 위쪽의 링을 만들고 셔틀을 비꿔 아래쪽 링을 만든다. 셔틀을 바꾼 후 체인을 만든다.

동그라미 클로버를 만든 뒤 뒤집어 체인을 만든다. 셔틀을 바꿔 링을 만들고 다시 셔틀을 바꿔 체인을 만든다.

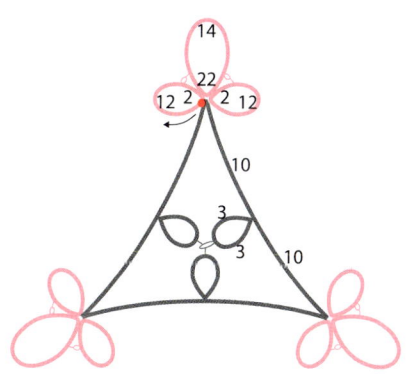

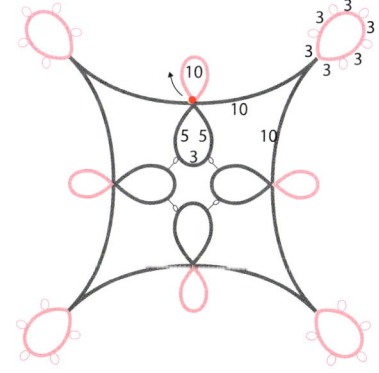

★ 머플러에 위치를 잡고 같은 색이나 투명 실로 옷에 바느질한다.

눈꽃 장식 실내화 & 벽걸이

기법 기본 기법, 실 감추기, 플로팅 링
실 셔틀 2개, 리즈베스 20수 601
완성 치수 지름 7㎝

How to make

1라운드는 시작점이 표시된 링부터 만든 후 뒤집어서 체인을 만들고 각각의 셔틀로
링을 양쪽에 만든 뒤 체인을 만든다. 2라운드는 1라운드 링의 피코에 조인하며 링과
체인을 반복한다.

★ 슬리퍼에 위치를 잡아 시침핀으로
   고정시킨 후 투명 실이나 작품과
   같은 색 실로 바느질한다.

태팅 비녀

비녀 1

기법 기본 기법, 실 감추기, 플로팅 링
실 셔틀 2개, 염색사
완성 치수 가로 5cm × 세로 5cm

How to make

큰 링을 만들때 피코를 길게 해서 만들고, 다른 링은 첫번째 만든 피코에 조인하면서 만든다. 큰 링의 반대편에 있는 링은 셔틀을 바꿔 쥐고 만든다. 작은 잎 4개짜리 모티브를 만들어 마무리한다.

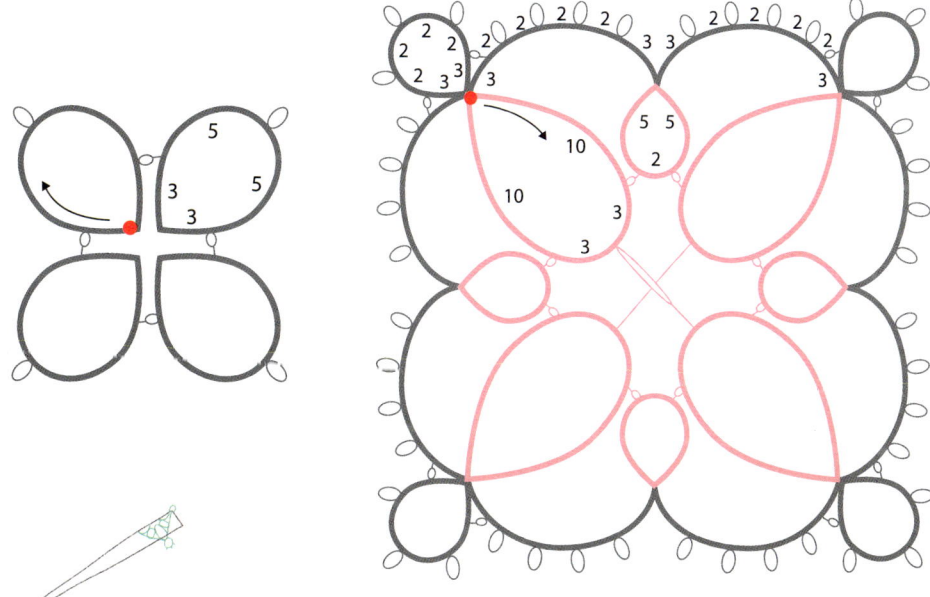

★ 완성된 작품에 풀을 먹여 빳빳해지면 작품을 반으로 접어서 비녀대에 고정한다. 링 부분의 겹치는 피코에 금속 장식과 비즈를 달고, 한 줄은 모티브를 달아 마무리한다.

비녀 2

기법 기본 기법, 실 감추기, 더블 피코
재료 셔틀 1개, 작가 염색사
완성 치수 지름 3㎝

How to make

1라운드는 셔틀에 시드 비즈 9개를 끼우고 링 3개를 만들어서 마무리한다. 2, 3라운드는 시드 비즈 18개를 끼우고 더블 피코로 만든 링 3개를 만들어서 마무리한다. 작은 꽃 모티브를 만들어 마무리한다.

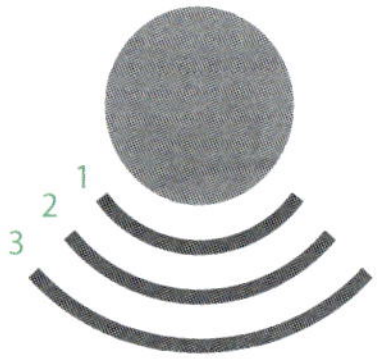

1

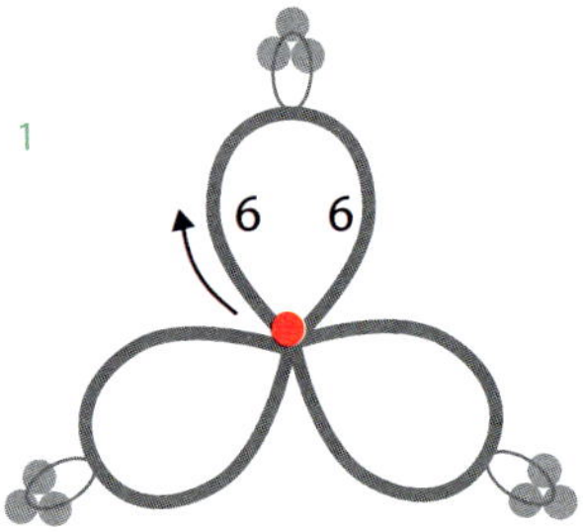

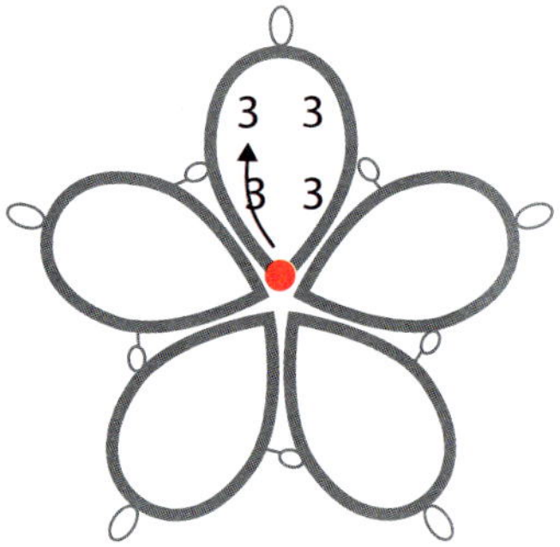

6   6

3   3
3   3

2

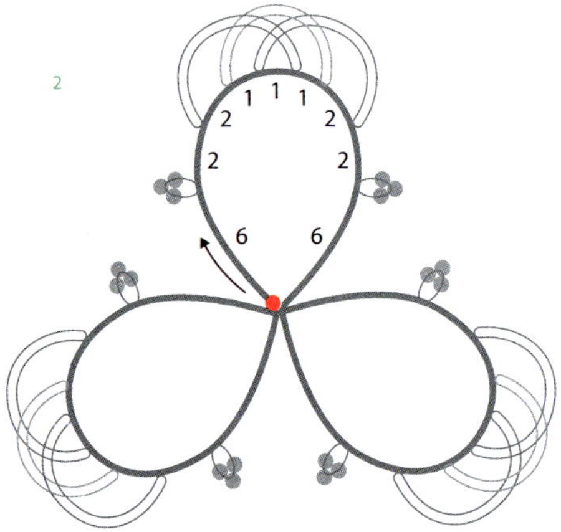

1 1 1
2   2
2   2
6   6

3

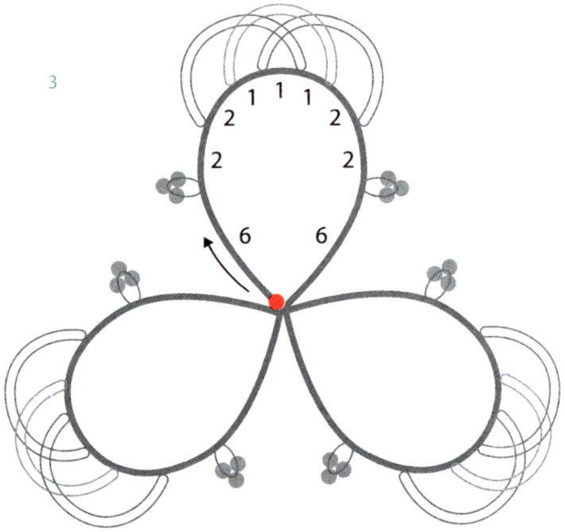

1 1 1
2   2
2   2
6   6

★ 더블 피코(Double Picot) 기법
　더블 피코는 피코를 매우 길게 만들어서 더블 스티치한 후 긴 피코를 반으로
　접어 당겨서 조인하는 방법을 말한다.

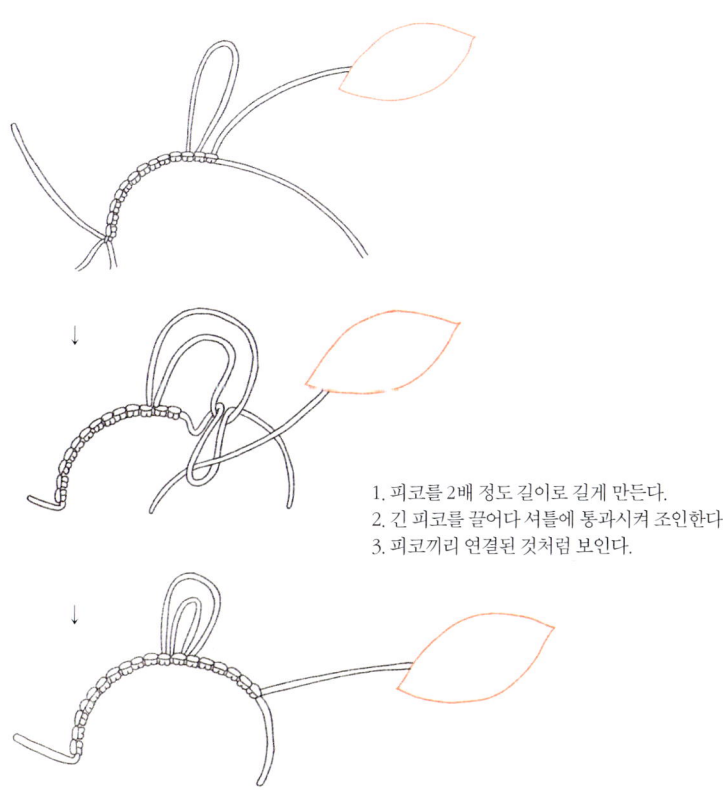

1. 피코를 2배 정도 길이로 길게 만든다.
2. 긴 피코를 끌어다 셔틀에 통과시켜 조인한다.
3. 피코끼리 연결된 것처럼 보인다.

★ 큰 비즈를 T핀에 꽂아 1-2-3라운드 순시대로 결합한다.
　핀의 뒷부분을 둥글게 만들어 금속 체인을 3줄 걸어 준다. 각각 비즈로 장식하고
　한 줄은 꽃 모티브를 딜아 준다.

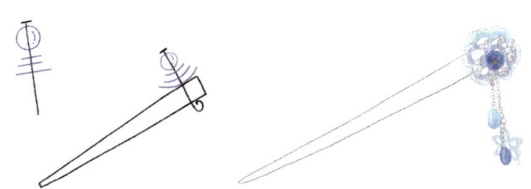

태팅 액세서리

액세서리 1(귀걸이)

기법 기본 기법, 실 감추기, 비즈 태팅

재료 셔틀 1개, DMC Diamant D140

완성 치수 귀걸이(길이) 6㎝

How to make

액세서리 1(귀걸이) 링을 연속하여 3번 만들고, 마지막 링은 첫 번째 링에 폴디드 조인하여 물방울 모양을 만든다. 두, 세 번째는 첫 번째와 두 번째 모양의 긴 피코에 비즈를 끼워서 조인해서 만든다.

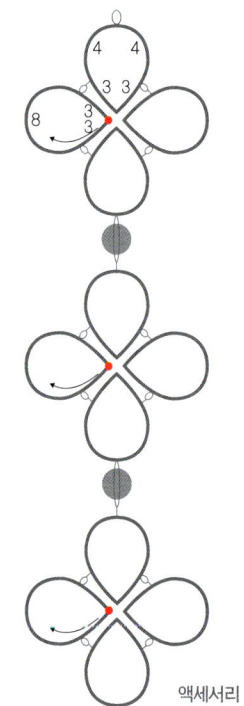

액세서리 1

★ 귀걸이 훅, 체인줄, 참장식 등에
  액세서리를 끼운다.

액세서리 2-1(팔찌), 2-2(귀걸이)

기법 기본 기법, 실 감추기, 조세핀 링, 비즈 태팅

재료 셔틀 2개, 올림푸스 40수 M11, 리즈베스 20수 647, 올림푸스 40수 801

완성 치수 팔찌(길이) 17cm, 귀걸이(길이) 2cm

액세서리 3-1(팔찌), 3-2(귀걸이)

기법 기본 기법, 조세핀 링, 실 감추기, 비즈 태팅

재료 셔틀 1개, 리즈베스 40수 671

완성 치수 팔찌(길이) 16cm, 귀걸이 2cm

How to make

액세서리 2-1(팔찌) 팔찌는 체인을 만든 뒤 리버스 워크하고 셔틀을 바꿔서 체인을 만든다. 이 과정을 몇 번 반복한다.

액세서리 2-2(귀걸이) 중심 클로버를 만든 뒤 리버스 워크한다. 체인을 클로버의 피코에 락 조인하면서 만든다.

액세서리 3-1(팔찌) 만들어 놓은 진주 비즈에 실을 끼운후, 조세핀 링을 불규칙적인 간격으로 3개 만든다. 잠금 장치에 실을 고정해 완성한다.

액세서리 3-2(귀걸이) 비즈를 셔틀에 끼운 상태로 시작한다. 조세핀 링을 2개 만들고, 비즈를 적당한 위치에 고정한다. 비즈 뒤로 길게 실을 늘어뜨리고 밑에 비즈가 들어간 링을 만들고 다시 시작점으로 돌아온다. 조세핀 링을 만들고 마무리한다.

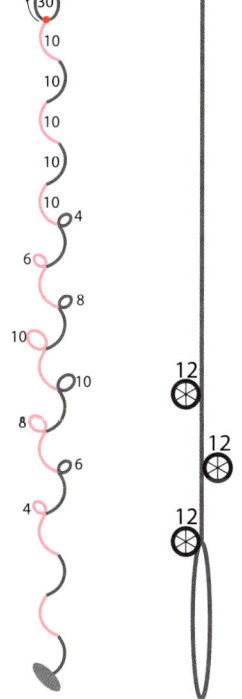

액세서리 2-1   액세서리 3-1

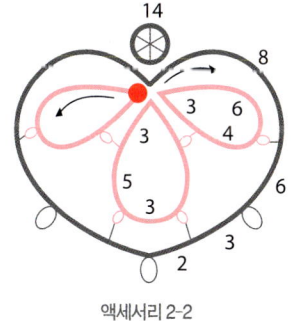

액세서리 2-2

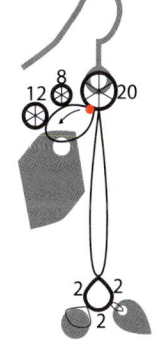

액세서리 3-2

태팅 까또나주

까또나주 1 실통

기법 기본기법

재료 셔틀 2개, 염색사

완성 치수 길이 14cm

How to make

첫 번째 링의 피코를 길게 만들고 다음 링도 계속 조인하여 중심 모티브를 만든다.
실을 끊지 않은 상태에서 체인을 진행한다(도안의 오른쪽 부분). 셔틀 2개로 양쪽에
링을 만든 뒤 리버스 워크하여 체인을 반대 방향으로 만든다. 진행 중 체인의 방향이
바뀌는 부분은 셔틀을 바꿔서 만든다.

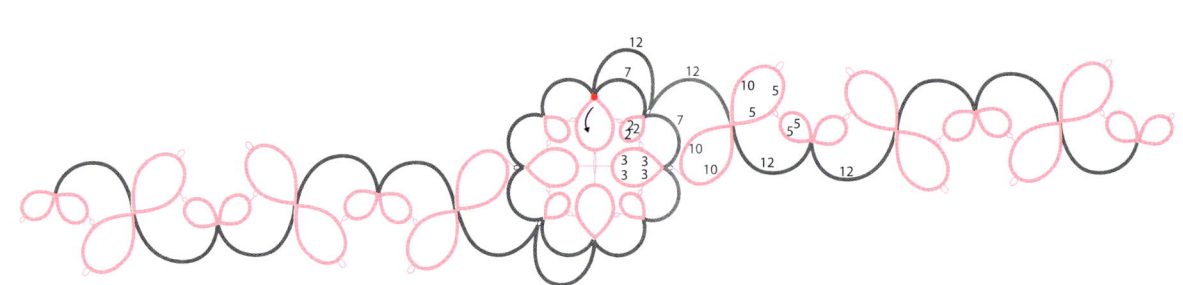

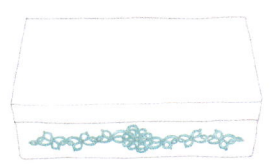

★ 섬유 본드를 발라서
상자에 붙인다.

마카롱 엣징
기법 기본 기법
재료 셔틀 1개, 염색사
완성 치수 지름 9.5㎝

까또나주 원형함 커버
기법 기본 기법
재료 셔틀 1개, 염색사
완성 치수 지름 5.5㎝

How to make 　**라운드** 링과 체인으로 원형 모티브를 만든다.

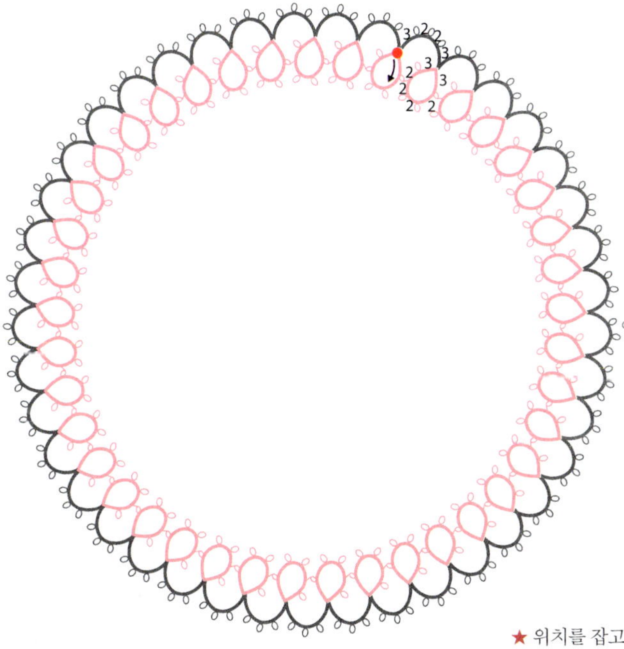

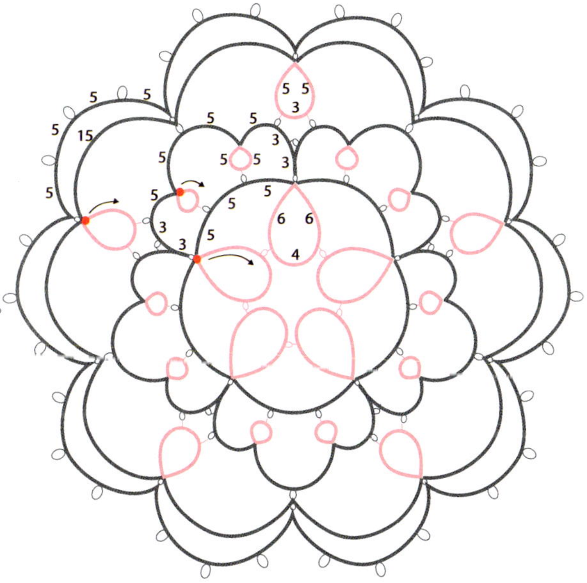

★ 위치를 잡고 작품과 같은 색이나
　투명 실로 바느질한다.

태팅 레이스 손수건

손수건 1

기법 기본 기법, 실 감추기

재료 셔틀 1개 , 리즈베스 20수 665

완성 치수 높이 1㎝

How to make

링과 체인을 이용한 엣징을 만들며 오버로크 처리된 천에 링을 조인하면서 만든다.

★ 천에 바로 링을 조인한다.

손수건2

기법 기본 기법, 실 감추기, 조세핀 링

실 셔틀 2개, 리즈베스 20수 664

완성 치수 높이 1.5㎝

How to make

링과 체인, 조세핀 링을 이용한 엣징으로 오버로크 처리된 천에 링을 조인하면서 만든다.

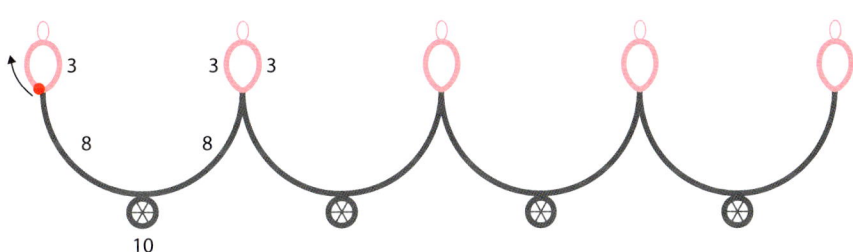

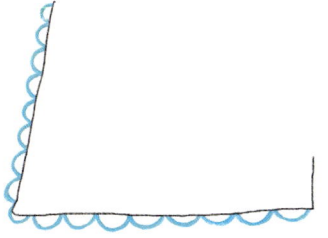

★ 천에 바로 링을 조인한다.

나비 리본 헤어 슈슈

머리끈 1(나비)

기법 기본 기법, 실 감추기, 비즈 태팅

재료 셔틀 1개, 올림푸스 40수 521, 228, 싸개단추 머리끈, 비즈 8개

완성 치수 날개(세로) 3cm

머리끈 2(리본)

기법 기본 기법, 실 감추기, 조세핀 링, 플로팅 링

재료 셔틀 2개, 올림푸스 40수 102, 801, 싸개단추 머리끈

완성 치수 길이 3.5cm

How to make

머리끈 1(나비) 셔틀 실에 비즈 8개를 끼우고 시작한다. 나비는 실 숨기기를 하지 않고 처음의 실과 마지막 실을 2번 묶은 후 더듬이로 표현한다.

머리끈 1(리본) 가운데 리본은 2개의 셔틀로 진행하고 리본과 옆 장식 모두 조세핀 링으로 시작한다.

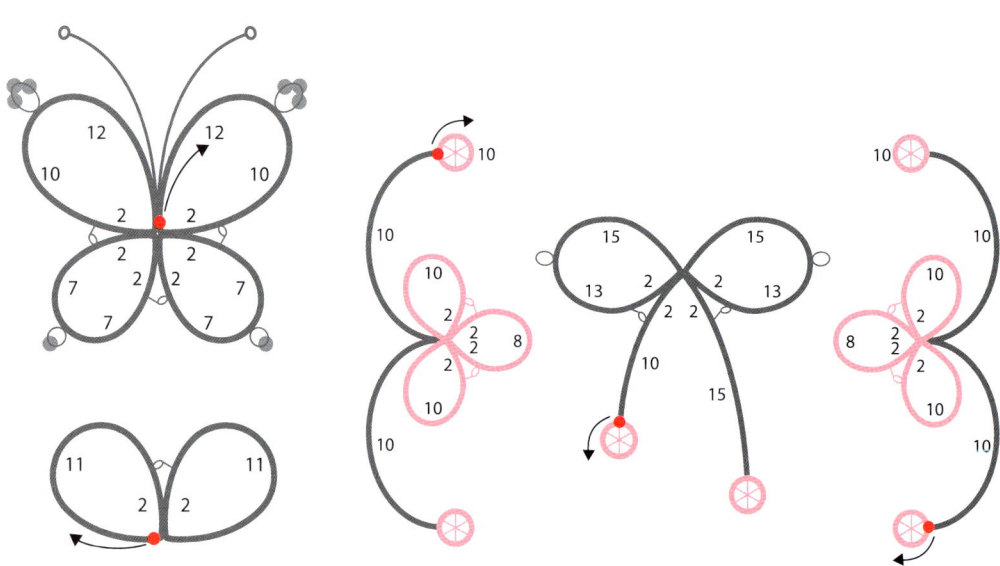

머리끈 3(아라베스크)

기법 기본 기법, 실 감추기, 조세핀 링, 플로팅 링

실 셔틀 2개, 리즈베스 20수 801

완성 치수 가로 3㎝×세로 3㎝

How to make
- - - - - - - - - - - - - - ●
시작점 위쪽의 링을 만들고 셔틀을 바꿔 아래쪽 링을 만든다. 셔틀을 바꾼 후 체인을 만들고 뒤집어서 조세핀 링을 만든다.

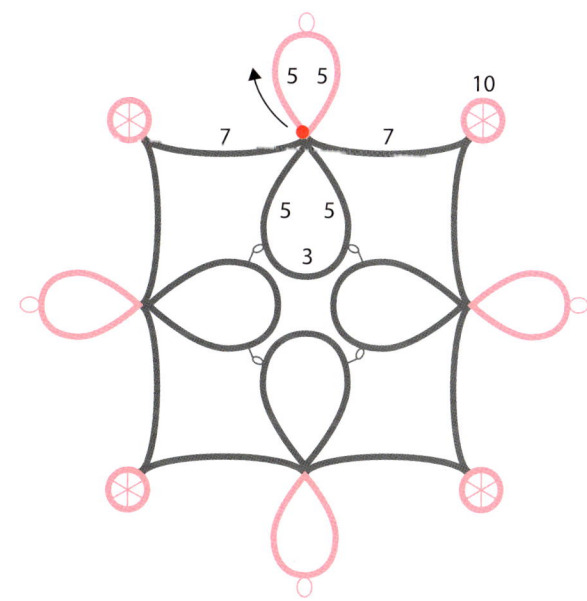

★ 싸개단추 만드는 법
　　재료 : 싸개단추 3.4㎝ 1세트, 펠트 두께 2mm 지름 4.7㎝, 천 7.5㎝, 머리끈 1개

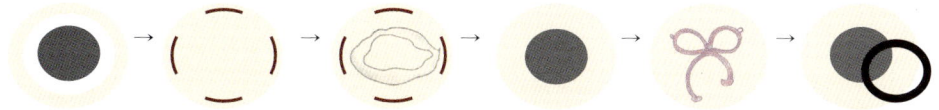

1. 천 가운데에 펠트를 놓고 그 위로 싸개단추 앞판을 뒤집어 놓는다.
2. 천의 테두리를 따라 듬성듬성 바느질한다.

3. 실을 잡아당겨 천을 오므린다. 오므린 안쪽과 바깥쪽에 글루건을 충분히 바른다.
4. 뒷판을 붙인다.

5. 섬유 본드를 이용해 모티브를 붙인다.
6. 뒤쪽에 글루건을 바르고 머리끈을 붙인다.

핸드메이드 태팅 카드

카드 1
기법 기본 기법, 실 감추기, 플로팅 링
재료 셔틀 2개, 올림푸스 40수 102, M15
완성 치수 지름 7.5㎝

How to make

1라운드는 시작점에 표시된 링부터 만든 후 뒤집어서 체인을 만들고 각각의 셔틀로 링을 양쪽에 만든 뒤 다시 체인을 만든다. 2라운드는 1라운드 링의 피코에 조인하며 링과 체인을 반복한다.

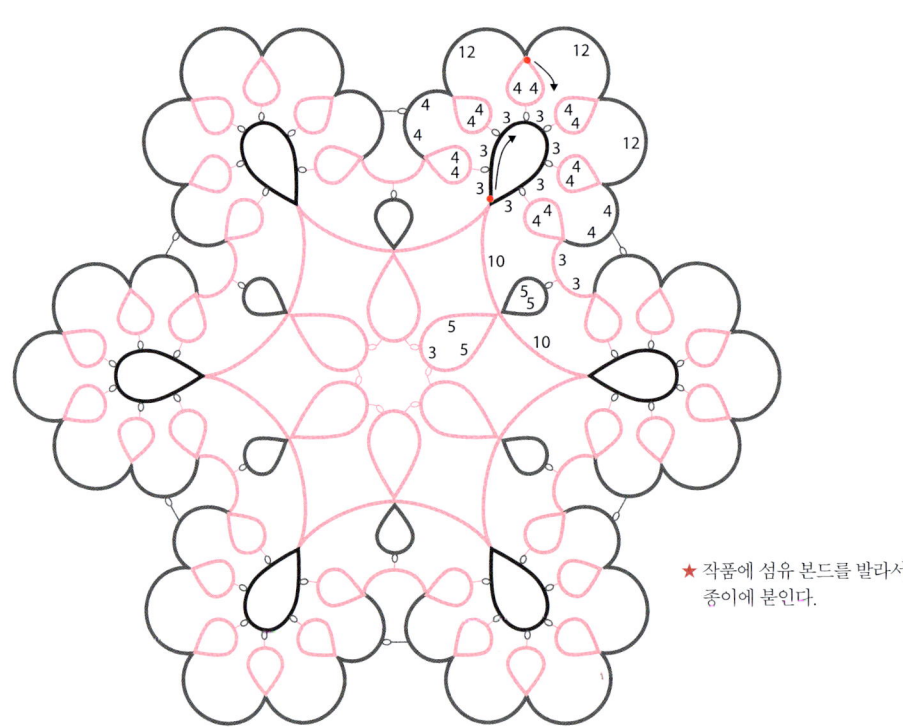

★ 작품에 섬유 본드를 발라서
   종이에 붙인다.

카드 2

기법 기본 기법, 실 감추기
재료 셔틀, 올림푸스사 Softy 308
완성 치수 지름 7㎝

How to make

링과 체인을 반복하여 바탕 종이의 완성 치수에 맞춰서 원형이 되게 만든다.

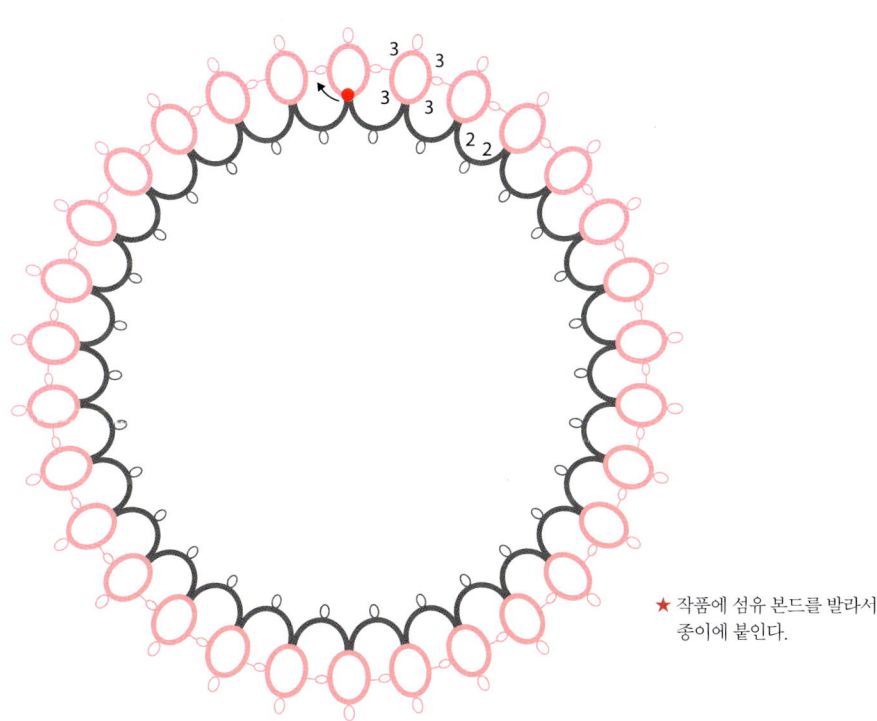

★ 작품에 섬유 본드를 발라서
  종이에 붙인다.

도안 보는 법

그림 도안은 가장 안쪽 부분에서 시작해서 바깥쪽으로 진행되고, 한 라운드에서는 시계 방향으로 진행된다. 과거에 제작된 도안은 그림보다 글 도안이 많은데, 기본 태팅 기호를 안다면 어렵지 않게 작품을 만들 수 있다.

기호	명칭
DS	더블 스티치 Double Stitch
R	링 Ring
Cl / Cl R	링 닫기 Close Ring
DNR	뒤집지 마세요 Do Not Reverse work
C/CH	체인 Chain
j	조인 Join
JK	조세핀 매듭 Josephine Knot
LJ	락 조인 Lock Join
VLP	매우 큰 피코 Very Long Picot
LP	긴 크기 피코 Long Picot
MLP	중간 크기 피코 Medium Length Picot
SP	작은 피코 Small Picot

기호	명칭
VSP	매우 작은 피코 Very Small Picot
MR	목 링 Mock Ring
P	피코 Picot
Rep	반복 Repeat
RW	뒤집기 Reverse Work
CTM	CTM 기법 Continuous Thread Method
SCMR	셀프 클로즈드 목 링 Self Closed Mock Ring
SLT	슈 레이스 타이 Shoe Lace Tie
SS	셔틀 바꾸기 Switch Shuttle
T&C	묶고 자르기 Tie and Cut

일러두기

도안 파트에서는 더블 스티치, 링, 체인, 피코, 조인, 리버스 워크를 기본 기법이라고 한다.
작품 완성 치수는 작업자나 활용하는 소품에 따라 달라질 수 있다.

*도안의 저작권은 저작권자에 있습니다. 무단 복제를 금합니다.

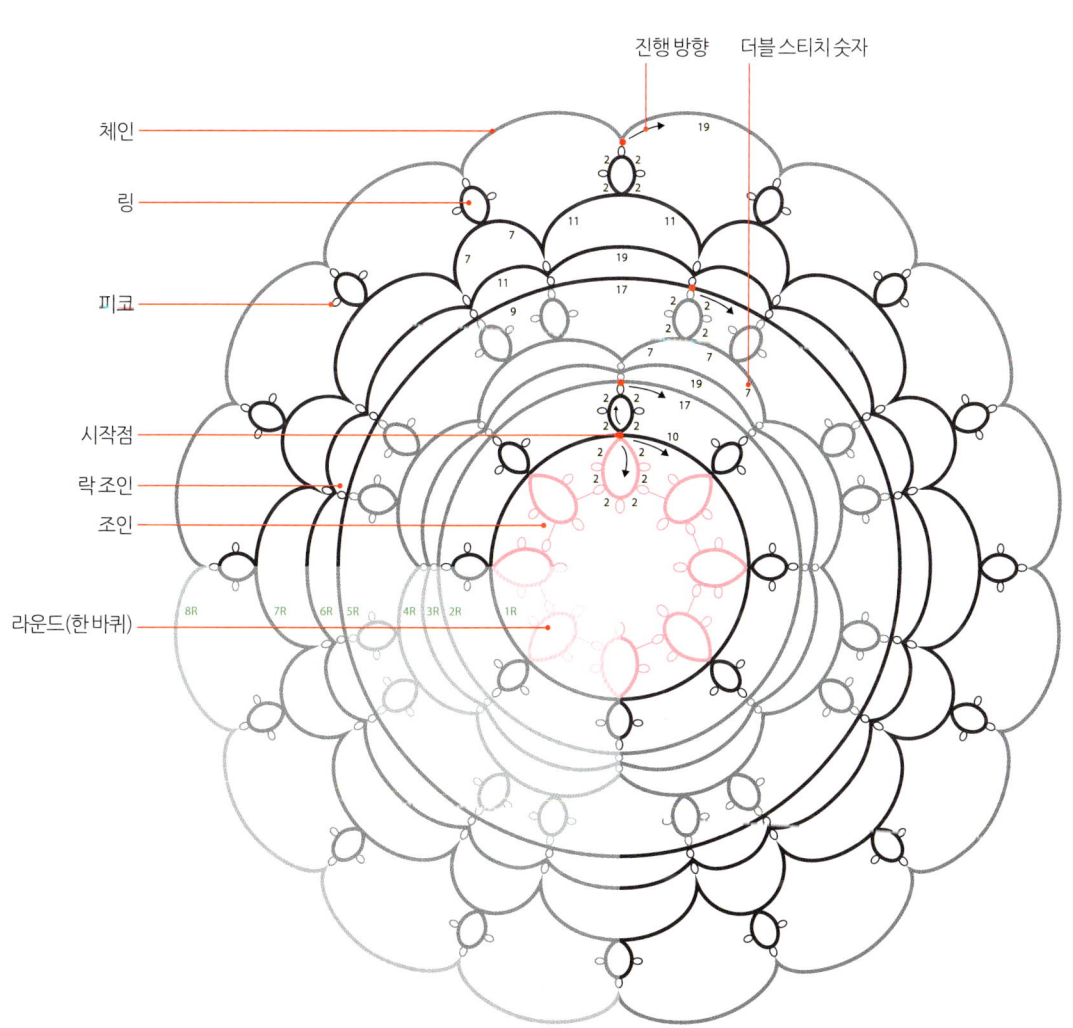

체인

링

피코

시작점

락 조인

조인

라운드(한 바퀴)

진행 방향   더블 스티치 숫자

19

11   11

7   11   19

7   17

11   9

19

17

7

19   17

10

8R   7R   6R   5R   4R   3R   2R   1R

작가

클로버 테이블보, 사각 다이아몬드 쿠션, 메리골드 피크닉 바구니 & 유리컵 매트, 국화 & 은행잎 커튼 타이백 ＊ **임지현**

드롭 비즈 테이블 전등, 크리스마스 초 & 오너먼트, 핸드메이드 태팅 카드 2 ＊ **김기정**

장미 정원 화분 받침, 한글 장식 아기옷 & 모자, 클로버 장식 레깅스 & 카디건, 태팅 비녀, 나비 장식 트레이닝 팬츠, 태팅 까또나주 ＊ **현다희**

눈꽃 장식 실내화 & 벽걸이, 새싹 무늬 레이스 매트, 겨울 꽃 장식 머플러, 나비 리본 헤어 슈슈, 핸드메이드 태팅 카드 1 ＊ **김아름**

장미 정원 티코지, 태팅 레이스 손수건 ＊ **박진주**

모란 무늬 장식 매트 ＊ **꼬미**

크리스마스 별 ＊ **김지혜**

태팅 액세서리 ＊ **김도희**

사진 촬영 ▪ 조병선 에코 스튜디오 02-2235-9771 eco-studio.co.kr

장소 협찬 ▪ 폴 앤 리나 02-336-0933 www.paul-lina.com

도서 내용 문의 ▪ www.tatting.kr